NETWORK MARKETING o REDES DE MERCADEO OPORTUNIDAD DE NEGOCIO DEL SIGLO XXI

Principios Universales para Desarrollar Exitosamente
TÚ PROYECTO MULTINIVEL DE FORMA PROFESIONAL

AUTHOR OF BEST SELLER AND MASTER IN BUSINESS COACHING

YLICH TARAZONA

Copyright 2017. All Rights Reserved

Principios Universales Para Desarrollar Exitosamente
TÚ PROYECTO MULTINIVEL DE FORMA PROFESIONAL

NETWORK MARKETING o REDES DE MERCADEO
La Gran Oportunidad de Negocio del Siglo XXI

SERIE: **Network Marketing Multinivel de Atracción** – Volumen **1** de **2**

Network Marketing o Redes De Mercadeo
La Gran Oportunidad de Negocio del Siglo XXI

Principios Universales Para Desarrollar Exitosamente TÚ
PROYECTO MULTINIVEL DE FORMA PROFESIONAL

Extraordinario Manual de Instrucciones para los **EMPRENDEDORES** de la **Nueva Economía** que te ayudará a conocer el fascinante mundo del NETWORK MARKETING en Acción en un fantástico viaje de **Re**descubrimiento **Profesional**, que te permitirá conocer y dominar los **Principios Universales Para Desarrollar Exitosamente Tú Negocio MULTINIVEL de forma Profesional** y permitirte finalmente dominar Los CICLOS MAESTROS de la DUPLICACIÓN y la MULTIPLICACIÓN en el NETWORK MARKETING.

* Programar tú mente consciente y subconsciente para el **Éxito Personal** y la **Autorrealización Profesional**. * Permitir una óptima configuración de creencias potencializadoras y afirmaciones autoempoderadoras que te permitan consolidar tú capacidad para **Conectarte con tus Sueños, Metas y Objetivos** * Promover la flexibilidad del pensamiento táctico - estratégico y la comprensión de los procesos mentales en la **Creación de una Estructura Organizacional Sólida, y una Red de Mercadeo Multinivel Estable y Productiva** * Contar con un **PLAN DE ACCIÓN** paso a paso que te permita desarrollar las habilidades para alcanzar nuevos estados de excelencia en la industria de las **Redes de Mercadeo Multinivel**. * Comprender el Sistema de Formación Empresarial que es un enfoque práctico y poderoso para lograr cambios esenciales a corto, mediano y largo plazo. * Incrementar al Máximo Tú Potencial Empresarial dentro del **MLM (Multi-Level-Marketing)** y **Desarrollar tú Liderazgo con una Mentalidad Empresarial** centrada en valores * **Consolidar las distintas Posiciones, Peldaños, Escalones y Rangos más Alto dentro de la Escala o Niveles del Plan de Compensación** *. - Dominar los conceptos básicos en la industria del **NETWORK MARKETING** que te permitan **tomar acción, hacer que las cosas sucedan y comenzar a vivir centrada** en principios en armonía con tu propósito y misión de vida, rumbo a la libertad financiara total.

3ª Edición Especial, *Revisada, Actualizada y Extendida (Incluye Ejercicios y Plan de Acción)*

NETWORKER PROFESIONAL
Ylich Tarazona
Escritor y Conferenciante Internacional

Principios Universales Para Desarrollar Exitosamente
TÚ PROYECTO MULTINIVEL DE FORMA PROFESIONAL

*3ª Edición Especial Revisada y Actualizada por: **Ylich Tarazona** diciembre 2017.*
*Diseño y Elaboración de Portada por: **Ylich Tarazona***

ISBN asignado KDP
ISBN: 9781976735776
Sello: Independently published

ISBN-13: 978-1983468766 *(CreateSpace-Assigned)*
ISBN-10: 1983468762 *(CreateSpace-Assigned)*
SELLO: Independently Published ©

BISAC: *MLM / Multi-Level-Marketing / Redes de Mercadeo / Network Marketing*
El derecho de **YLICH TARAZONA** a ser identificado como el
AUTOR de este trabajo ha sido afirmado por *SafeCreative.org,*
Código de Registro: **1712315229425**, de conformidad con los
Derechos De Autor En Todo El Mundo. *Fecha: 31 de diciembre de 2017.*

NETWORK MARKETING o REDES DE MERCADEO
La Gran Oportunidad de Negocio del Siglo XXI

DERECHO DE AUTOR

Este **libro** en su **EDICIÓN ESPECIAL** denominado *"NETWORK MARKETING o REDES DE MERCADEO, La Gran Oportunidad de Negocio del Siglo XXI - Principios Universales para Desarrollar Exitosamente TÚ PROYECTO MULTINIVEL DE FORMA PROFESIONAL © ®"*. Extraordinaria Colección de **Técnicas** y **Estrategias en Network Marketing Multinivel** que te ayudará a conocer el fascinante mundo de las REDES DE MERCADO (MLM) La Oportunidad del Siglo XXI. Es propiedad intelectual de **YLICH TARAZONA** © & **REINGENIERÍA MENTAL CON PNL** ® y **NETWORKERS del Siglo XXI** © ®.

AVISO LEGAL: Copyright © diciembre 2017 por **YLICH TARAZONA** ® & **REINGENIERÍA MENTAL CON PNL ®**. Todos los derechos reservados en todo el Mundo ©. *Ninguna parte de este* **Libro sobre** NETWORK MARKETING *podrá ser almacenada en sistemas de recuperación de datos, ni podrá ser reproducida o modificada de modo parcial o completa, de igual forma tampoco puede ser reducida, ampliada o transmitida de cualquier manera o por cualquier otro formato o medio, bien sea electrónico, copia digital, virtual, impresión mecánica o manual. Incluidas fotocopias, escaneos, grabaciones, reproducciones y distribución vía online, oral o escrita, o por cualquier otro sistema de almacenamiento de información, comunicación pública o privada y software de recuperación de datos, para uso comercial o fines de lucro* **Sin Previo Aviso** *o* **PERMISO POR ESCRITO AL EDITOR, AL AUTOR, Y A SU REPRESENTANTE LEGAL.** *Aquellos que incumplan estas normas serán severamente sancionados según las leyes de derecho de autor y copyright.*

El derecho de **YLICH TARAZONA** a ser identificado como el **AUTOR** de este trabajo ha sido afirmado por *SafeCreative.org, Código de Registro:* **1712315229425**, de conformidad con los Derechos de Autor en todo el mundo. *Fecha: 31 de Dic de 2017.*

NOTAS DEL EDITOR: Está totalmente prohibido usar nuestros productos para uso comercial o fines de lucro, salvo para los efectos de su propio desarrollo personal y profesional, por lo que entendemos que: *Usted puede usar este producto como referencia para realizar sus propias reuniones de negocios y en la realización de las técnicas para uso personal siempre y cuando este de conformidad con la realización lícita y legal de prácticas aceptables, así como éticas.*

Asistencia Legal:
ABOGADA: Mariam Charytin Murillo Velazco
C.I: V-17.502.580, - INPREABOGADO: Nº 158.611

Principios Universales Para Desarrollar Exitosamente
TÚ PROYECTO MULTINIVEL DE FORMA PROFESIONAL

NETWORKERS del Siglo XXI © ® es una **Comunidad Virtual para Emprendedores**. Uno de los **Website de Internet** dedicado a brindar **COACHING** en la **CONSOLIDACIÓN de Competencias** y el **Desarrollo del Máximo Potencial Humano**. **Especialistas** en el *Entrenamiento, Formación y Adiestramiento de alto nivel a través de la* **PNL** *o* **Programación Neurolingüística**, especializados en el suministro de productos de formación y cursos para *Alcanzar Metas, Concretar Objetivos* y *Consolidar Resultados Eficaces de Óptimo Desempeño*; a través de una serie de **Libros, eBook's, Audios, Podcasters, Tele-Seminarios Online, Talleres Audiovisuales, Webminars** y **Conferencias Magistrales de Carácter Presencial**.

No se puede pretender estar asociado con **YLICH TARAZONA** & **REINGENIERÍA MENTAL CON PNL** o **NETWORKERS del Siglo XXI** © ® en cualquier forma o utilizar nuestro nombre en conexión con su propia práctica personal o profesional, a menos que esté debidamente capacitado, y con certificación valida que avale que formalmente se ha capacitado, formado o adiestrado apropiadamente con nosotros.

3ª Edición Especial Revisada y Actualizada por: *Ylich Tarazona* diciembre 2017.
Diseño y Elaboración de Portada por: **Ylich Tarazona**

ISBN-13: 978-1983468766 *(CreateSpace-Assigned)*
ISBN-10: 1983468762 *(CreateSpace-Assigned)*
SELLO: **Independently Published** ©

BISAC: *MLM / Multi-Level-Marketing / Redes de Mercadeo / Network Marketing*
El derecho de **YLICH TARAZONA** a ser identificado como el **AUTOR** de este trabajo ha sido afirmado por *SafeCreative.org,* **Código de Registro:** 1712315229425, de conformidad con los **Derechos De Autor En Todo El Mundo**. *Fecha: 31 de diciembre de 2017.*

COLABORADORES:
Mariam Charytin Murillo Velazco
Ylich Leavitt Gabriel Smith Tarazona Peña
Jeffry Samuel Tarazona Peña
Génesis Zarahemla Odaylich Tarazona Maldonado

Si éste **LIBRO SOBRE** REDES DE MERCADEO MULTINIVEL en su **EDICIÓN ESPECIAL** le ha interesado y desea que lo mantengamos informado de nuestras próximas **publicaciones, ediciones, mini cursos, reportes especiales, video conferencias, webminars, seminarios online y offline, audiolibros, podcasters** o nuestros *servicios online y offline* como *sesiones, coaching, terapias, eventos corporativos, cursos, talleres, seminarios, conferencias presenciales* entre otras *actividades* o *materiales didácticos* DISEÑADOS y CREADOS POR EL AUTOR & **NETWORKERS del Siglo XXI** © ®; escríbanos, indicándonos cuáles son los temas de su interés y gustosamente le mantendremos actualizado.

También puede contactarse directamente con el **AUTOR** vía e-mail por:
Contacto@MasterCoachYlichTarazona.com

PREFACIO DEL AUTOR

Hola que tal, **CAMPEONES** y **CAMPEONAS**... Bienvenidos sean todos; a éste apasionante viaje y excitante aventura que despertará en ti, la magia que deseo enseñarte. Y convertirte en el **[constructor de tú propio éxito]**... *Recuerda que TÚ ERES el escritor principal de tú propia historia, el arquitecto y el escultor de tú propia vida.* Por tal razón; te propongo ser el **[COAUTOR DE ESTE LIBRO]** que estás *creando tú también* desde el mismo instante que has comenzado a **CREER EN TI**.

Esta lectura es una intensa jornada que comienza en la imaginación y acaba en la manifestación y materialización de tus sueños. Aquí te revelare la extraordinaria realidad de una dimensión prácticamente desconocida para la mayoría de las personas, y es *que cada uno de nosotros* **SOMOS LOS CREADORES DE NUESTRO PROPIO DESTINO y los CONSTRUCTORES DE NUESTRA PROPIA REALIDAD**.

Por este motivo; en este **LIBRO** en su **EDICIÓN ESPECIAL** trato de **ilustrar** y **exponer en profundidad** y a la vez con **simplicidad** los procesos de la **REINGENIERÍA CEREBRAL** y la **PROGRAMACIÓN MENTAL** para el éxito, combinadas con **Neuro-Coaching** y fundamentada en la **PNL** o **Programación Neurolingüística** aplicada al NETWORK MARKETING MULTINIVEL.

> El objetivo de **trabajar en conjuntos varias técnicas** es permitirles contar con un **PLAN DE ACCIÓN** bien definido paso a paso, que les permita hacerte cargo de tu Futuro Financiero, Ser el Escultor de tu Vida, el Creador de tu Propio Destino y parte del Efecto Multiplicador de la Nueva Generación de Networkers del Siglo XXI, permitiéndote finalmente elevar tus creencias a un nivel de conciencia superior y lograr tu LIBERTAD FINANCIERA TOTAL.

Principios Universales Para Desarrollar Exitosamente
TÚ PROYECTO MULTINIVEL DE FORMA PROFESIONAL

PUNTOS PARA CONSIDERAR
Cómo sacar el máximo provecho de este libro

Este libro ha sido diseñado de manera tal; que pueda ir pasándote por un **PATRÓN DE ACCIÓN CONTINÚO** a medida que vas avanzando en la lectura de este, a través de unos pasos básicos y sencillos centrados en **técnicas y metodologías de PNL Aplicada, la Reingeniería Cerebral y el Neuro-Coaching.**

Todo el **LIBRO**, se ha creado de forma simple en **SIETE SESIONES** que se interconectan entre sí, para que toda persona pueda entenderlo y aplicarlo a su vez. *Esto es a lo que yo llamo "{(SISTEMA DE COACHING PERSONAL)}" en **REINGENIERÍA CEREBRAL** y **PROGRAMACIÓN MENTAL** para el éxito.*

Por esta razón; es muy importante, comprender lo mejor posible cómo funciona el **SISTEMA**. Asegúrate de **llevar a cabo** cada paso de cada **SESIÓN**; sin prejuzgarlos, ni obviar ninguno de ellos. Este **PATRÓN DE ACCIÓN** cuenta con **ejercicios prácticos** que se relacionan unos con otros y convergen entre sí. Por este motivo tendrás que ir completando uno a uno; cada a paso, para pasar ir al siguiente nivel.

Cada uno de los **EJERCICIOS PRÁCTICOS** propuestos en este libro; así como su secuencia, es esencial para lograr los resultados deseados, en cada aspecto importante y fundamental de tú vida.

Cada **SESIÓN** y sus **CAPÍTULOS** correspondientes; al igual que cada "**Ejercicio, Ejemplo** y **Metáfora**" está íntimamente relacionado con la siguiente de manera **holística, sinérgica** e **integral**. Es decir, que todos los pasos juntos que conforman este libro constituyen un **TODO INTEGRADO** del "{(**SISTEMA DE COACHING PERSONAL**)}" que diseñe para ustedes.

Por tal razón, les propongo, que dediquen de **3** a **9** meses continuos al estudio y aplicación de los principios contenidos en este libro. Con una convicción total; y ejecuten **TODOS** los *ejercicios* que les sugiero del **PATRÓN DE ACCIÓN** consistentemente, con una actitud mental positiva, determinación y constancia. *Y les prometo mis amigos y amigas que al final de estos 3 a 9 meses podrán lograr todos y cada uno de los objetivos que se propongan.*

SE QUE TÚ PUEDES... "ASÍ QUE MANOS A LA OBRA" – COMENCEMOS...

INTRODUCCIÓN
Información Relevante de la Presente Edición.

Hola que tal, mis apreciados lectores. *Antes que todo, gracias por adquirir este extraordinario* **Libro** *sobre* NETWORK MARKETING, *que escribí pensando en ti.*

Antes de comenzar, quiero comunicarte de algunos cambios esenciales que he realizado en ésta **3ª Edición Especial.** Si posees algunas de mis versiones anteriores; comprobaras que he llevado a cabo algunas revisiones y actualizaciones importantes en las últimas ediciones, ya que me parecieron necesarias para lograr cumplir el propósito por el cual escribí este **LIBRO** para ti. *Entre los cambios que he realizado, he incorporado una serie de ejemplos y ejercicios prácticos relacionados con la lección de algunos de los capítulos más relevantes.* **En los pocos casos en los que edite el texto o cambie parte del contenido, han sido para adaptarlas mejor a los ejemplos y ejercicios incorporados recientemente en la presente obra.**

Estas modificaciones son casi imperceptibles en la mayoría de los casos, ya que ante todo he querido respetar el **manuscrito original** y la **idea principal** del presente **LIBRO** con sus defectos y virtudes. *Por lo que en las pocas ocasiones en las que he incorporado ciertas ideas, he agregado algún punto adicional o he añadido algunos elementos de interés para mis lectores y aprendices, es porque me ha parecido conveniente o necesario, y de vital importancia para la* **correcta aplicación de los principios** *del "NETWORK MARKETING o REDES DE MERCADEO MULTINIVEL (MLM – Multi-Level-Marketing)" contenida en esta* **Edición Especial.**

Si has tenido la oportunidad de leer algunos de mis otros libros impresos o digitales, has podido apreciar que tanto el estilo literario de mis escritos; así como el estilo característico tipográfico que utilizo al momento de plasmar mis ideas, pretenden un único propósito. **Ayudarte a desarrollar el máximo de tu potencial humano al siguiente nivel, y permitirte comprender mejor los conceptos, definiciones y plan de acción que comparto con todos ustedes, con el fin de ayudarlos a interiorizar estos principios vitales y esenciales a su propia vida.**

Para lograr este objetivo; al final de algunos capítulos claves, comparto una gama de ejercicios que te permitan poner en práctica la esencia de lo que acabas de estudiar. *De igual manera, también les ofrezco una serie de recapitulaciones o principios básicos para reflexionar que te ayudarán a reforzar lo que has aprendido.*

De esta manera, campeones y campeonas, al finalizar el **libro** ustedes podrán contar con estrategias reales, técnicas, herramientas y metodologías efectivas que han sido estudiadas y verificadas a través de los años por los más grandes expertos en la materia. *De igual forma, estos principios han sido puestos en práctica y puestos en acción una y otra vez por el mismo* **AUTOR**, *tanto a nivel personal, como en sus Reuniones de negocios y presentaciones de oportunidad empresarial tanto* virtuales como presenciales, con cientos y miles de personas que han aplicado dichos principios eficazmente a su propia vida.

Dichos procedimientos han sido incorporados sistemáticamente en este **LIBRO** a fin de garantizarte resultados óptimos por medio de **MODELOS efectivos de la PNL** o **PROGRAMACIÓN NEUROLINGÜÍSTICA** y la **REINGENIERÍA CEREBRAL** aplicadas al NETWORK MARKETING que han sido comprobadas a través de los años por los expertos más reconocidos de la historia. Evitando así, la utilización de conjeturas o simples teorías.

> Por tal razón, APRENDIZ y apreciados lectores, voy a darte algunos consejos: Conéctate con la esencia de éste libro, **LEE ACTIVAMENTE**, cada palabra, cada línea, cada párrafo, cada página, cada capítulo, cada idea, cada enseñanza, cada ejemplo, cada historia, cada ejercicio, cada principio que con amor comparto con todos ustedes, y verán cómo; poco a poco, paso a paso, línea a línea y precepto tras preceptos comenzarán a tener los excelentes resultados que requieren en todos y cada uno de los aspectos más importantes y esenciales de su vida.

Este **LIBRO** mis apreciados lectores es una poderosa herramienta **teórica-práctica** para todos aquellos que desean aprender a **desarrollar el máximo de su potencial humano**. Claro está, este libro no es el único medio para tu **Liberación Emocional**. Sin embargo, si sigues las direcciones paso a paso que doy en este libro, y tienes la adecuada actitud, así como la suficiente confianza, determinación y compromiso te aseguro podrás aplicar estos principios a tu propia vida personal.

> Es importante aclarar en este punto, que las Leyes Universales del Éxito que aprenderás en este **LIBRO** conllevan mucha responsabilidad. Ten siempre presente que la correcta aplicación de estos Principios Básicos Para Triunfar puede ser debidamente utilizada para **entrar en armonía con ese Ser Supremo llamado DIOS, fuente divina, energía universal, o como quieras llamarlo. Que es lo que finalmente, nos permitirá generar esos grandes y extraordinarios cambios tanto mentales como emocionales en nuestro YO Interno o SER Interior**.

Con esta idea en mente, deseo que entiendas que este **libro** te proporciona los **principios básicos para triunfar** necesarios en conjunto con las **leyes universales del éxito** de tal manera que garantice tanto tu propio bienestar; como el bienestar de todas aquellas personas a tu alrededor. El uso que le des a estas enseñanzas dependerá en gran medida a tu elección, pero recuerda sea cual sea la decisión que tomes y el propósito que deseas conseguir, siempre debe estar basado en las normas más elevadas de la ética moral y las buenas costumbres, edificada en los principios y los valores morales, con los estándares más altos que puedas seguir.

TE IMAGINAS todo lo que puedes lograr conseguir al aprender aplicar estos **principios y leyes universales del éxito** en tu propia vida. **¡AHORA ES POSIBLE!**

ESTILO LITERARIO Y TIPOGRÁFICO DE MIS OBRAS

Las enseñanzas que contienen mis **LIBROS** y **CURSOS** en su gran mayoría son una combinación estratégica mesclada con poderosas **METÁFORAS, PARÁBOLAS, ALEGORÍAS, EJEMPLOS, HISTORIAS, CITAS** y **FRASES CÉLEBRES** que he venido recopilando y compendiando en el transcurso de los años de diferentes fuentes; tales como, **Libros** y **Obras de Diversos Autores** *(a los cuales, les otorgó TODO el mérito y el reconocimiento que ellos merecen por sus valiosas aportaciones).*

*El objetivo de extraer tan **extraordinaria colección** de estos **grandes** y **RECONOCIDOS ESCRITORES** y **plasmarlas en mis obras** es; ayudarles a comprender mejor a mis lectores, la información que quiero transmitirles de manera subjetiva.* De esta manera; a través del aprendizaje de representaciones simbólicas y figuradas, ustedes mis amigos y amigas puedan adquirir las ideas principales.

*Así; mis libros, por medio de sus **citas, frases célebres, pensamientos, reflexiones ejemplos y narraciones ilustrativas** pueda llegar a ser una fuente de inspiración para ayudar a todos aquellos individuos que con integro propósito de corazón quieran cambiar y transformar sus vidas de manera continua y permanente.*

Otras de las **METODOLOGÍAS** tipográficas que empleo al redactar mis trabajos; es que utilizo diferentes estilos literarios, introduciendo una variedad de *signos de puntuación,* **negritas**, *cursivas,* <u>subrayados</u>, combinaciones de minúsculas y MAYÚSCULAS, entre otras repeticiones consientes de ideas y enseñanzas transmitidas varias veces; una y otra vez, pero en distintos contextos y situaciones, para grabarlas en su mente consciente y subconsciente. Así como también en ocasiones *"cambio estratégicamente la forma de escribir y expresar mis ideas intencionalmente en primera, segunda y tercera persona"* mientas transmito la información, con el fin de hacer la lectura más didáctica, versátil y placentera para todos mis lectores.

Si esto llegase a parecer inadecuado o incorrecto en cierto momento para algunos de mis lectores, quiero anticiparles de antemano que no se trata en modo alguno de un descuido por mi parte, o desconocimiento de edición y transcripción de la obra. Al contrario, **TIENE UN CLARO OBJETIVO** *y persigue un fin concreto.* **CONFÍA EN MÍ. TIENE UN PROPÓSITO PARA TI,** *sigue leyendo y comprenderás a lo que me refiero.*

En otro orden de idea; es importante destacar que también incorpore en el transcurso del libro una gran variedad de *frases célebres, citas inspiradas de las escrituras, versículos bíblicos, conceptos filosóficos, ejemplos, símiles, exposiciones, descripciones y lenguaje figurado* en el transcurso de toda la obra. *Ya que este tipo de expresiones, conceptos e ideas son capaces de estimular subjetivamente en el lector una gran variedad de* **SENSACIONES MULTI-SENSORIALES** *tanto a nivel* **(Visual, Auditiva y Kinestésica)** *que permiten evocar imágenes, sonidos, sensaciones, emociones y sentimientos, en la mente del lector.*

Principios Universales Para Desarrollar Exitosamente
TÚ PROYECTO MULTINIVEL DE FORMA PROFESIONAL

Siguiendo ese mismo orden de idea; también incluyo, en todos mis trabajos una serie de **Declaraciones Positivas, Autoafirmaciones Empoderadoras**, basadas en el **METAMODELO estratégico de la PNL** a través de una serie de **COMANDOS HIPNÓTICOS ENCUBIERTOS** y **PATRONES HIPNÓTICOS PERSUASIVOS** que permitan al lector incorporar dichas **SUGESTIONES** e **INDUCCIONES SUBLIMINALES** en su mente consiente y subconsciente, produciéndoles así cambios radicalmente positivos en su estructura mental y psicológica, **CREÁNDOLES nuevas conexiones neuronales más empoderadoras**.

Y finalmente **APRENDIZ**, entre otro de los recursos que utilizo son las expresiones personales como **TÚ** y **TI**, para referirme directamente a mis lectores, *con la única intención de que puedan sentirse identificados con mis palabras, y tengan la plena certeza y convicción de que todos mis libros lo escribo pensando en ellos.*

NOTA: *En las* **Versiones Audibles**, *como son en los casos de los* **Audiolibros**, *los* **Podcasters**, *los* **Webminars**, *los* **Tele-Seminarios** *y las* **Conferencias Online** *utilizo fondo musical instrumental junto a sonidos de la naturaleza, y en ciertas ocasiones ondas biaurales en diferentes frecuencias.* A fin de **inducir ciertos estados positivos en el cerebro**. Entre los muchos beneficios que ofrecen estas poderosas herramientas, es que propician **el aprendizaje acelerado**, **la reflexión consciente**, **la adecuada asimilación de las ideas**, **la agilidad mental**, la **estimulación de la creatividad**, **la relajación**, **la concentración** y **la meditación** entre otras muchas ventajas. *Como se han demostrado en los numerosos estudios realizados sobre el tema. Entre ellos la tesis doctoral de* <u>Pedro Miguel González Velasco Doctor en Neurociencia de la UNIVERSIDAD COMPLUTENSE DE MADRID FACULTAD DE PSICOLOGÍA</u>, *las cuales nos reportan los excelentes y maravillosos efectos positivos de estos sonidos, tanto a nivel psicológico como fisiológicos.*

El **PROPÓSITO** de introducir esta **GAMA DE ESTILOS LITERARIOS, TIPOGRÁFICOS; METAFÓRICOS** y **BIAURALES** *(Este último, solo en los casos Audible)*, fusionado con un variado conjunto de **Técnicas Modernas** y **Metodologías Avanzadas** de la **PNL** o **PROGRAMACIÓN NEUROLINGÜÍSTICA APLICADA**, principios de **REINGENIERÍA CEREBRAL**, **NEURO-COACHING**, **AUTOHIPNOSIS** entre otras herramientas. *Es para permitirles a mis lectores recibir una Enseñanza Transformacional más útil, holística e integral, que les permita* ***ADOPTAR NUEVAS IDEAS***, *evitando así, la menor resistencia al cambio, y* **CREANDO un mayor impacto psíquico - emocional** *en el proceso de* **retención - aprendizaje**.

NETWORK MARKETING o REDES DE MERCADEO
La Gran Oportunidad de Negocio del Siglo XXI

BIENVENIDOS AL PORTAL NETWORKERS DEL SIGLO XXI

Hola que tal, Emprendedores y Emprendedoras *del Network Marketing Multinivel, la nueva generación de Networkers del Siglo XXI...* Es un placer para mí; poder darte la bienvenida a nuestro portal NETWORKERS del Siglo XXI ®, y felicitarte por haber escogido esta maravillosa profesión. Y estar dispuesto a empezar aplicar estos *Ciclos continuos del Éxito y la Excelencia en tú Superación Personal y Profesional; en el Desarrollo de Tú Máximo Potencial Humano,* en la *Tendencia Económica de Mayor Crecimiento, Consolidación y Expansión Mundial en esta nueva Era tan Globalizada.*

Ahora eres parte de un gran EQUIPO DE EMPRENDEDORES *en Redes de Mercadeo. Y* el dueño de tu propio negocio; a través, de la *Industria del MLM* **(Multi-Level-Marketing)**. *La Profesión mejor pagada en los últimos años.* Esto significa que has dado un gran paso y que has decidido *hacerte cargo de tu Futuro Financiero, Ser el Escultor de tu Vida, el Creador de tu Propio Destino y parte del Efecto Multiplicador de la Nueva Generación de Networkers del Siglo XXI.*

Nosotros queremos que sepas que, aunque el negocio es sólo tuyo, nunca estarás solo. Cuentas con todo un EQUIPO DE PROFESIONALES a nivel mundial; que estamos aquí comprometidos para apoyarte durante el *Proceso de Aprendizaje,* con las mejores herramientas actualizadas de última generación y entrenamientos magistrales de óptimo desempeño en la Industria del *NETWORK MARKETING MULTINIVEL*, establecido en un *Sistema Integral de Formación Empresarial de Alto Rendimiento* y *Máxima Productividad.*

En el portal NETWORKERS del Siglo XXI ®, hemos preparado esta guía rápida de *Liderazgo Empresarial*; pensando en TI, para maximizar tu efectividad y óptimo desempeño en el *Proyecto de Negocio* que te ofrecen las Redes de Mercedado.

Este **Manual de Instrucciones** es una poderosa herramienta de acción que puedes llevar contigo todo el tiempo. Es un resumen conciso de las leyes y los principios más importantes de las actividades que deberás realizar cada día, para medir tus resultados y comenzar a **Construir Tú Negocio Multinivel (Estructura Organizacional) que es la *Red de Mercadeo*,** una *Plataforma* Magistral centrada en la **EDIFICACIÓN** y fundamentada en las bases de las *relaciones y el trabajo en equipo* con una *mentalidad de excelencia empresarial* y un *espíritu de liderazgo centrado en principios*. Que finalmente es lo que te permitirá; a largo plazo, crear las bases de tu Negocio, con unas simientes firmes que se mantendrán en el tiempo, rumbo como equipo a la *Libertad Financiera.*

Cree en ti mismo y en tu capacidad de lograr grandes cosas. Recuerda, estamos aquí para apoyarte a través de cada paso que des en la *Construcción de tus Sueños*...

Pero recuerda que finalmente la decisión es sola Tuya...

¡Toma **Acción y Has que las Cosas Sucedan**!

"El **ÉXITO** no es un acontecimiento de un solo día, es un proceso que se repite toda la vida. Usted puede ser un ganador en su vida si se lo propone. **YA QUE NACISTE Y ERES UN TRIUNFADOR** desde el instante de la concepción.

<u>**Recuerda**</u>: Las personas exitosas realizan actividades que les permitan ganar de vez en cuando; porque saben que tanto el triunfo, la victoria, así como la conquista son hábitos que deberían desarrollarse constantemente en su estilo de vida.

Las personas exitosas; asimismo tienen presente que, perdiendo también se gana. Porque saben que cada fracaso los acerca más a su propósito y que cada derrota los fortalece y les enseña lo que deben mejorar. En fin y al cabo; tanto los triunfos como las derrotas, son tan importantes para el éxito, que cuando aprendemos de ellas nos hacemos más fuertes y merecedores de vivir ese estilo y calidad de vida extraordinaria por la que tanto nos hemos esforzamos día tras día"
-. **COACH TRANSFORMACIONAL YLICH TARAZONA.** -

NETWORK MARKETING o REDES DE MERCADEO
La Gran Oportunidad de Negocio del Siglo XXI

FILOSOFÍA DEL PORTAL NETWORKERS DEL SIGLO XXI

FILOSOFÍA: NETWORKERS del Siglo XXI ® es una *Organización de Coaching Integral* en el *Adiestramiento y Capacitación Profesional*, de carácter presencial y virtual vía ONLINE en el área de NETWORK MARKETING MULTINIVEL, Liderazgo Centrado en Principios, Negociación de Alta Envergadura, Planeación Estratégica, Marketing de Atracción entre otros. El portal NETWORKERS del Siglo XXI ® *La Nueva Generación de Profesionales en Redes de Mercadeo Multinivel*. Es un EQUIPO que funcionamos como una *Organización Líder Pionera en el Entrenamiento Empresarial a nivel mundial* cuyo NORTE y FILOSOFÍA está centrado en la EDIFICACIÓN y fundamentada en las *relaciones* y *el trabajo en equipo*. Basada en *Principios y Leyes Esenciales de aplicación Universal,* que tiene como *objetivo* dejar un LEGADO en la vida de millones de *Emprendedores* y *Desarrolladores de Negocios* a través de *Un Sistema Integral de Formación Empresarial de Optimo Desempeñó*.

MISIÓN: Nuestra misión, es la de *Adiestrar y Capacitar a los nuevos Profesionales, Líderes, Empresarios Comprometidos y* Emprendedores *del MLM (Multi Level Marketing) también conocido como Mercadeo por Niveles Múltiples* o *Negocio Multinivel de Ventas Directas*. Brindándoles un *Equipo de Apoyo*, integrada por una diversidad de expertos en el área... Que les brindaran a los asociados de <u>Las Distintas Organizaciones</u> los conocimientos necesarios que les ayudaran en el proceso de aprendizaje, a través de una *Plataforma Magistral* y/o *SISTEMA INTEGRAL DE FORMACIÓN EMPRESARIAL*; bien estructurada y organizada; que le permitirá, a cada individuo lograr cumplir y alcanzar sus más elevados Sueños, Metas y Objetivos dentro de la Industria Global del *Mercadeo en Red*.

VISIÓN: Estamos comprometidos con una gestión social; que se define como un servicio de formación empresarial, en la cual se puede ayudar a muchas personas a lograr *Maximizar sus Capacidades,* con el fin de crear nuevos *Líderes, Empresarios, Emprendedores* y *Networkers Profesionales;* donde <u>Todos Compartan una Misma Filosofía de Equipo</u>, logrando con ello refinar y actualizar sus conocimientos; a fin de *Desarrollar una Estructura Organizacional o Red de Comercialización Solida, Estable y Productiva*.

PROPÓSITO: Los *CICLOS MAESTROS de la DUPLICACIÓN y la MULTIPLICACIÓN en el NETWORK MARKETING* que hemos implementado en este manual de instrucciones, permiten a los nuevos *Emprendedores*, *Afiliados, Distribuidores, Empresarios y Networkers Profesionales* contar con *Leyes y Principios Universales* que les permitirán definir claramente sus Metas y Objetivos, respaldándolas con una Misión de Vida y **Un Plan de Acción Bien Definido**. A la vez que les permitirá adquirir los conocimientos necesarios que les permitan **MODELAR** y **DUPLICAR** *el sistema a sus organizaciones a fin de lograr los niveles más altos, dentro de los distintos Planes de Compensaciones que nos ofrece la Industria de Mercadeo en Red Multinivel.*

OBJETIVO: En el Portal NETWORKERS del Siglo XXI ® vivimos comprometidos con los procesos para que obtengas el nivel de éxito que tanto deseas. *Nuestro objetivo es poner en tus manos este Manual de Instrucciones; junto con el Cuaderno de Planificación Mensual y el E-Book de Conceptos y Nociones Avanzadas que son el vehículo conductor, que te llevará a conseguir los resultados.*

Te invitamos a seguir estas recomendaciones, tan fielmente cómo te sean posibles, ya que son las mismas que han seguido las personas sobresalientemente más exitosas en el **Network Marketing por Relaciones de mayor Renombre en los últimos años**.

ÉXITO ES EL RESULTADO DE LA DISCIPLINA
"La formación, la preparación y la actitud es la diferencia entre el éxito y el fracaso"
 -. COACH TRANSFORMACIONAL YLICH TARAZONA. -

"Yo nunca he dicho que sea fácil, pero les prometo que tampoco será imposible... Solo tienen que estar dispuesto a pagar el precio del éxito y luego disfrutar de los resultados el resto de toda su vida".
 -. COACH TRANSFORMACIONAL YLICH TARAZONA. -

"Debemos ser el cambio que queremos ver en el mundo". - **GANDHI**. -

El LÍDER que hay en Ti

Felicitaciones; *Campeones y Campeonas,* por haber tomado la decisión de *SER* parte de la gran familia NETWORKERS del Siglo XXI ® Nosotros anticipamos mantener una larga y duradera relación con ustedes y todo su equipo, tanto en el negocio como personalmente. Al dar los primeros pasos hacia adelante en la construcción de su organización multinivel siempre recuerden: <u>Que el mercadeo en red es una oportunidad centrado en la **EDIFICACIÓN** basado en las relaciones personales</u>. Por tal razón; tienes que comenzar, por fortalecer la relación con tu organización (***DOWNLINE***) y con tu línea de patrocinio (***UPLINE*** o *Línea de Auspicio*). De igual forma, tienes que fomentar las buenas relaciones de equipo entre <u>TODAS</u> las líneas frontales o laterales de otras organizaciones (***CROSSLINE***) para mantener la sinergia y la participación de todos.

AL DESARROLLAR LA RELACIÓN CON TODO EL EQUIPO, te alentamos a que pienses en los valores que rigen tu vida y que son importantes para ti. Al estudiar las vidas de los *líderes más destacados; y las historias de éxito de los Empresarios Comprometidos y Networkers Profesionales que tienen los mayores resultados dentro de la Industria del Network Marketing Multinivel*, nos han revelado un importante principio —Y es que el ÉXITO de las organizaciones más exitosas a través de los años en el *Mercadeo en Red* han sido las que **se basan en el trabajo de equipo y en los valores esenciales, más que en el dinero mismo**.

¿PERO CÓMO ELEGIR UN CONJUNTO DE VALORES PARA APLICARLOS A TU NEGOCIO MULTINIVEL? Analiza tu vida y piensa qué es lo más importante para ti. Piensa en las personas quienes forman parte de tu ORGANIZACIÓN y a quienes admiras. ¿Qué comportamiento desempeñan constantemente estos grandes LÍDERES de otras organizaciones, que tú pudieras adoptar para desarrollarlas y aplicarlas en tu Negocio Multinivel?

TAMBIÉN PUEDES OBSERVAR LOS PRINCIPIOS Y LOS VALORES que guardamos en alta estima los miembros del *Equipo* NETWORKERS del Siglo XXI ® y aplicarlos en tu organización. Te prometemos; que a medida que empieces a asociarte con todo el liderazgo que viven estos valores, y empieces a aplicarlo en tu propia vida, podrás darte cuenta, que estos principios funcionan como un faro que guiarán el crecimiento de tu organización. *Recuerda que todos los líderes de la compañía y los líderes de tu línea ascendente son un respaldo esencial para ti.* Nosotros ya confiamos en ti; y si tú también lo haces, juntos podremos liderar a muchas más personas, en el camino a la realización de sus sueños...

Principios y Valores que rigen al Portal NETWORKERS del Siglo XXI

1.- **Gratitud:** Sé agradecido por lo que das y por lo que recibes.

2.- **Libertad:** Permite que cada persona escoja por sí mismo.

3.- **Respeto:** Se objetivo con las opiniones de las personas.

4.- **Disciplina:** Vive lo que enseña y Enseña lo que vives.

5.- **Diligencia:** Esfuérzate por lograr lo que te propones.

6.- **Servicio:** Amor por servir con devoción a prójimo.

7.- **Compromiso Moral:** Termina lo que empiezas.

8.- **Honestidad:** Mantén la confianza de los demás.

9.- **Responsabilidad:** Toma el control de tu vida.

10.- **Determinación:** Haz que las cosas sucedan.

11.- **Humildad:** Vive conforme a tus principios.

12.- **Integridad:** Enseña a través del ejemplo.

13.- **Igualdad:** Desarrolla relaciones sólidas.

14.- **Lealtad:** Se fiel a tus principios.

15.- **Rectitud:** Haz lo que dices.

EL ÉXITO ES PARA AQUELLOS, QUE ESTAMOS DISPUESTOS A PAGAR EL PRECIO Y DISFRUTAR DEL CAMINO *"El éxito es más que una condición, es un estado mental. El éxito es un camino; es el logro consecutivo de pequeñas metas, y es el resultado de llevar una vida con propósito. Y para que nuestros objetivos se lleven a cabo; debemos estar dispuestos a programar nuestra mente en dirección a nuestro destino, tomar acción, ejecutar el plan o proyecto de vida y hacer que las cosas sucedan.*
-. COACH TRANSFORMACIONAL YLICH TARAZONA. -

Recuerda PIENSA, SIENTE y ACTÚA como la persona que quieres llegar a SER, hasta que lo seas. "{(Ten presente que comenzamos MODELANDO una ACTITUD GANADORA y terminamos construyendo una PERSONALIDAD TRIUNFADORA)}".
-. COACH TRANSFORMACIONAL YLICH TARAZONA. -

NETWORK MARKETING o REDES DE MERCADEO
La Gran Oportunidad de Negocio del Siglo XXI

TABLA DE CONTENIDO

DERECHO DE AUTOR .... - 5 -
PREFACIO DEL AUTOR .... - 7 -
PUNTOS PARA CONSIDERAR .... - 8 -
    Cómo sacar el máximo provecho de este libro .... - 8 -
INTRODUCCIÓN .... - 9 -
    Información Relevante de la Presente Edición. .... - 9 -
ESTILO LITERARIO Y TIPOGRÁFICO DE MIS OBRAS .... - 11 -
BIENVENIDOS AL PORTAL NETWORKERS DEL SIGLO XXI .... - 13 -
FILOSOFÍA DEL PORTAL NETWORKERS DEL SIGLO XXI .... - 15 -
    FILOSOFÍA .... - 15 -
    MISIÓN .... - 15 -
    VISIÓN .... - 15 -
    PROPÓSITO .... - 15 -
    OBJETIVO .... - 16 -
El LÍDER que hay en Ti .... - 17 -
Principios y Valores que rigen al Portal NETWORKERS del Siglo XXI .... - 18 -
TABLA DE CONTENIDO .... - 19 -
PRIMERA PARTE .... - 25 -
EL CICLO MENTAL DEL ÉXITO .... - 26 -
    COMIENCE CON UN FIN EN MENTE .... - 26 -
PRINCIPIOS MAESTRO DE LA DUPLICACIÓN Y LA MULTIPLICACIÓN .... - 27 -
    SEPA LO QUE QUIERE Y HACIA DÓNDE VA .... - 27 -
    FORTALEZCA Y CONSOLIDE LAS RELACIONES .... - 28 -
    MULTIPLICANDO SUS ESFUERZOS .... - 28 -
CAPÍTULO I: DESARROLLAR LA VISIÓN Y ENTENDIENDO LA NATURALEZA DEL NEGOCIO .... - 29 -
    Estableciendo las Bases de Tú Negocio MLM. "Comprendiendo la Visión y la Oportunidad". .... - 29 -
    COMIENCE CON UN FIN EN MENTE .... - 29 -
    1.- ESTABLEZCA SUS SUEÑOS .... - 30 -

COMENZANDO CON UN FIN EN MENTE .... - 31 -
VISUALIZA TUS SUEÑOS: .... - 32 -
ESTABLECE TUS SUEÑO, TU VISIÓN PERSONAL .... - 33 -
2.- CONCRETE SUS METAS .... - 33 -
TOMANDO EL CONTROL DE TU VIDA – Definiendo metas a corto, mediano y largo plazo. .... - 35 -
3.- DETERMINE SUS COMPROMISOS .... - 36 -
DETERMINE SUS COMPROMISOS .... - 36 -
COMPROMÉTETE .... - 37 -
¿QUÉ ES EL COMPROMISO? .... - 38 -
METAS y COMPROMISOS PARA DESARROLLAR MI NEGOCIO .... - 39 -
MI COMPROMISO CON LA EXCELENCIA 1 parte .... - 40 -
MI COMPROMISO CON LA EXCELENCIA 2 parte .... - 41 -
4.- ELABORE SU PLAN DE ACCIÓN .... - 42 -
PLAN DE ACCIÓN .... - 42 -
OBJETIVOS DE LAS REUNIONES SEMANALES (OP Presentación del Plan de Oportunidad): .... - 43 -
OBJETIVOS DE LOS TALLERES DE ENTRENAMIENTO: .... - 43 -
OBJETIVOS DE LOS RALLY, CONFERENCIAS, NOCHES DE ÉXITO, CENA DE GALA y CONVENCIONES. .... - 43 -
PLAN DE ACCIÓN SEMANAL .... - 44 -
CALENDARIO DE ACTIVIDADES MENSUAL .... - 46 -
CAPÍTULO II: EJECUTANDO EL PLAN DE ACCIÓN .... - 47 -
LOS 10 PRINCIPIOS MAESTRO DE LA DUPLICACIÓN Y LA MULTIPLICACIÓN EN EL NETWORK MARKETING .... - 47 -
SEPA LO QUE QUIERE Y HACIA DÓNDE VA .... - 47 -
1.- HAGA UNA LISTA DE PROSPECTO .... - 48 -
PASOS PARA HACER UNA LISTA DE CALIDAD .... - 48 -
LISTA DE EJERCITACIÓN MENTAL .... - 49 -
DOS TIPS QUE TE AYUDARAN A NO PREJUZGAR .... - 49 -
LISTA DE PROSPECTOS 52
LISTA DE CONSUMIDORES 53
LISTA DE REFERIDOS 54

LISTA A DISTANCIA 55
LISTA CONTACTOS AL FRIO 56
2.- INVITE A SUS PROSPECTO 57
INVITAR A LOS PROSPECTOS A LAS PRESENTACIONES DE OPORTUNIDAD 58

Sugerencias para tener en cuenta 59
INVITE SUS PROSPECTOS CORRECTAMENTE 61
INVITACIONES MODELOS 61
UTILIZANDO LAS REDES SOCIALES 63
3.- ORGANICE SUS PRESENTACIONES 63
SUGERENCIAS Para TENER EN CUENTA AL ORGANIZAR UNA REUNIÓN EXITOSA EN CASA 63
SUGERENCIAS Para TENER EN CUENTA AL ORGANIZAR UNA PRESENTACIÓN EXITOSA 1ª1 66
SUGERENCIAS Para TENER EN CUENTA AL ORGANIZAR UN PLAN DE OPORTUNIDAD EN LAS REUNIONES PRINCIPALES O MULTIPLANES 67
LA REUNIONES CENTRALES O MULTIPLANES TIENEN COMO PROPÓSITOS PRINCIPALES: 68
RECOMENDACIONES: 68
4.- PRESENTE LA OPORTUNIDAD 69
LAS PRESENTACIONES DE LA OPORTUNIDAD SE DIVIDEN EN 3 ETAPAS .. 69
PRESENTAR EL PLAN DE NEGOCIO. 70
La primera parte 71
La segunda parte 71
SUGERENCIAS PARA PRESENTAR LA PRESENTACIÓN DE OPORTUNIDAD 71
Recomendaciones 74
Paso III – TOMANDO EL CONTROL DE TU NEGOCIO 75
5.- HACER UN SEGUIMIENTO EFECTIVO. 76
6.- MANTÉNGASE EN CONTACTO 77
7. - MUEVA A SUS PROSPECTOS 78
Puntos para considerar: 78
Paso IV – ESTRUCTURA ORGANIZACIONAL 80
8.- PLANIFIQUE MENSUALMENTE 81

-10.- DUPLÍQUESE "FORME LÍDERES COMPROMETIDOS" 83

SEGUNDA PARTE 85

CAPÍTULO I: EMPRENDEDORES DEL NETWORK MARKETING MULTINIVEL .. 87

La Nueva Generación de Empresarios del Siglo XXI 87

CAPÍTULO II: EL NETWORK MARKETING MULTINIVEL ES UN PROCESO CONTINUO DE FORMACIÓN Y APRENDIZAJE 91

Networkers del Siglo XXI. Un camino de Formación Permanente 91

Estas son las 2 fases iniciales por los que pasamos todos los emprendedores al comienzo de nuestro negocio multinivel 91

1.- EL DESCONOCIMIENTO DE LA INDUSTRIA: 91

2.- PERIODO DE FRUSTRACIÓN: 92

CAPÍTULO III: PRINCIPIOS PARA CONVERTIRTE EN UN PROFESIONAL DE LA INDUSTRIA DEL NETWORK MARKETING MULTINIVEL 93

Principios Básicos que debe Comprender un Desarrollador de Redes de Mercadeo 93

CAPÍTULO IV: DESARROLLO DEL LIDERAZGO 95

Liderazgo Centrado en Principios 95

CAPÍTULO V: LIDERAZGO CON PROPÓSITO, REINVENCIÓN PERSONAL 97

Creando Una Mejor y Mejor Versión de Ti Mismo 97

CAPÍTULO VI: COMO AUSPICIAR CORRECTAMENTE PARA PRODUCIR UN ALTO % DE RETENCIÓN EN EL NETWORK MARKETING 99

Principios Correctos para Auspiciar de Manera Efectiva 99

CAPÍTULO VII: ¿POR QUÉ ES IMPORTANTE TENER UN PROPÓSITO CLARO Y UN SUEÑO BIEN DEFINIDO PARA DESARROLLAR NUESTRO NEGOCIO MULTINIVEL? 103

Descubriendo nuestra Misión y Visión dentro de la Industria del Mercadeo En Red para Escoger Correctamente la Compañía con la cual trabajar y Desarrollar Nuestro Negocio de forma Profesional 103

CAPÍTULO VIII: CUATRO (4) RECOMENDACIONES IMPORTANTES, A LA HORA DE ELEGIR UNA EMPRESA DE NETWORK MARKETING 105

Como hacer una buena selección entre todas las empresas de multinivel que existen en el mercado 105

1.- LA COMPAÑÍA Y SU ADMINISTRACIÓN 105

2- LOS PRODUCTO Y SU BIOTECNOLOGÍA 106

3- EL PLAN DE COMPENSACIÓN 106

4- EL SISTEMA EDUCATIVO Y EL EQUIPO. 107

CAPÍTULO IX: PLANES DE COMPENSACIONES EN EL NETWORK MARKETING 109

    Los Diferentes *Planes de Pagos y* Planes *de Compensación* que existen en la Industria de las Redes de Mercadeo Multinivel. 109

    PLANES DE COMPENSACIÓN QUE EXISTEN HOY EN DÍA: 109

    EL PLAN DE COMPENSACIÓN 2 UP AUSTRALIANO 109

    PLAN MATRIZ O MATRIARCAL 111

    PLAN ESCALONADO POR RUPTURA 112

    PLAN UNINIVEL O UNILEVEL HIBRIDO 113

    PLAN BINARIO O PLAN BINARIO HÍBRIDO 115

CAPÍTULO X: FASES O ETAPAS DE DESARROLLO Y CRECIMIENTO EMPRESARIAL DE UNA EMPRESA EN "NETWORK MARKETING" 119

    Fases de crecimiento en una empresa MLM 119

    Fase Nº 1 – "Fundación, Creación o Formación de la Compañía" 120

    Fase Nº 2 "Concentración o Posicionamiento" 121

    Fase Nº 3 "Momentum o Crecimiento Exponencial" 122

    Fase Nº 3 "Estabilidad o Consolidación" 124

CAPÍTULO XI: MARKETING DE ATRACCIÓN, ESTRATEGIAS DEL SIGLO XXI .. 127

    Desarrollo Profesional De Tú Negocio Multinivel 127

CAPÍTULO XII: HACIA DÓNDE SE DIRIGE LA INDUSTRIA DEL NETWORK MARKETING MULTINIVEL 131

    Evolución de las Empresas de Redes De Mercadeo y la Nueva Generación de Networkers del Siglo XXI. 131

CAPÍTULO XIII: NETWORK MARKETING MULTINIVEL UN PROYECTO FINANCIERO REAL 135

    Redes de Mercadeo la Profesión de La Nueva Generación de Networkers del Siglo XXI 135

    PALABRAS FINALES 137

        LA HISTORIA DEL HOMBRE SABIO 138

    SOBRE EL AUTOR 141

        BACKGROUND PROFESIONAL: 141

        PROPÓSITO, MISIÓN Y VISIÓN PERSONAL: 142

OTRAS PUBLICACIONES, EDICIONES ESPECIALES, MINI CURSOS, EBOOK´S Y LIBROS CREADOS POR EL AUTOR 144

PUBLICACIONES, LIBROS, EBOOK´S Y REPORTES ESPECIALES CREADOS POR EL AUTOR 146

EBOOK´S Y LIBROS DE TEMAS ESPECIALIZADOS CREADOS POR EL AUTOR . 148

AUDIOLIBROS, PODCAST, WEBINAR Y VIDEO CURSOS CREADOS POR EL AUTOR 149

SÍGUENOS A TRAVÉS DE TODAS NUESTRAS REDES SOCIALES (SOCIAL MEDIA Y WEBSITE OFICIAL) 150

NETWORK MARKETING o REDES DE MERCADEO
La Gran Oportunidad de Negocio del Siglo XXI

PRIMERA PARTE

Los CICLOS MAESTROS de la DUPLICACIÓN y la MULTIPLICACIÓN en el NETWORK MARKETING

Comenzando Tu Negocios con los Principios correctos

"Los sueños son como una fuente de energía. Es aquello que nos motiva y nos impulsa a ir más allá de nuestras limitaciones. Es el deseo ardiente, por lograr conquistar aquello que tanto anhelamos. Es algo tan poderoso y grande que cuando forma parte de nosotros mismos nos inspira a tomar acción. Es aquello que hace; que sigamos hacia adelante, cuando nuestra mente nos dice no podemos más. Es aquello que nos hace recorrer el kilómetro extra. Es; al fin y al cabo, la razón de nuestro existir" **-. YLICH TARAZONA. –**

"Compromiso es lo que transforma una PROMESA y un SUEÑO en realidad. Es la palabra que habla con coraje de nuestras intenciones. Y las acciones que hablan más alto que las palabras. Es hacerse del tiempo cuando no lo hay. Es salir airoso una y otra vez; año tras año, tras la adversidad. Compromiso es el factor clave que forja el carácter; es el poder de cambiar y transformar las cosas. Es el triunfo diario de la integridad sobre el escepticismo"
-. YLICH TARAZONA. –

EL CICLO MENTAL DEL ÉXITO

DESARROLLAR LA VISIÓN Y ENTENDER LA NATURALEZA DEL NEGOCIO. - **Estableciendo las Bases de Tú Negocio MLM. "Comprendiendo la Visión y la Oportunidad".**

• Éste Primer CICLO; es un Proceso Mental de 5 pasos esenciales para el Comienzo de tu Negocio Multinivel que te permitiera, Desarrollar la Actitud Mental adecuadas y las Bases Necesarias en la Construcción de tus Sueños y en la Conquista de tus Objetivos.

COMIENCE CON UN FIN EN MENTE
- ✓ Establezca Sus Sueños
- ✓ Concrete sus Metas
- ✓ Determine sus Compromisos
- ✓ Elabore su Plan de Acción
- ✓ Enfóquese en los Resultados

EL PODER DE LA DISCIPLINA
"El ingrediente más crucial para el éxito es la disciplina. Es el puente entre el pensamiento y el logro. Pero lo más importante, es lo que hará por ti. Te hará sentirte fabulosamente contigo mismo". **-. JIM ROHN. -**

"Éxito es el resultado de la disciplina"
-. COACH TRANSFORMACIONAL YLICH TARAZONA. –

PRINCIPIOS MAESTRO DE LA DUPLICACIÓN Y LA MULTIPLICACIÓN

EJECUTAR EL PLAN DE ACCIÓN, TOMANDO EL CONTROL DE TU NEGOCIO. Crear una Estructura Organizacional Sólida Estable y Productiva.

Expandiendo la Visión, Creando la Plataforma Organizacional

- Estos Primero 4 Principios del **CICLO DE LA DUPLICACIÓN Y LA MULTIPLICACIÓN** son muy activos y requieren de mucha *Acción, Disciplina y Constancia*.

Los 2 primeros pasos te permitirán *concentrar tus esfuerzos y canalizarlos* en la dirección correcta con la que quieras comenzar tu negocio.

Los otros 2 te *permitirán impulsar tu Negocio Multinivel al siguiente nivel*.

SEPA LO QUE QUIERE Y HACIA DÓNDE VA

- ✓ Haga una Lista de Prospectos
- ✓ Invite a sus Prospectos
- ✓ Organice sus Presentaciones
- ✓ Presenta la Oportunidad de Negocio

Fortaleciendo los Cimientos de Tú Organización, Construyendo las Relaciones

- Estos 3 Principios son los más *dinámicos en tu negocio*; ya que te permitirán *ponerte en contacto directos con tus prospectos y nuevos socios*, a la vez que te permitirá *fortalecer las relaciones* con cada uno de los miembros de tu organización, permitiéndote *comprender sus necesidades* y actuar en función a ello.

FORTALEZCA Y CONSOLIDE LAS RELACIONES

- ✓ Agende un Seguimiento para los próximos 24 a 48 horas
- ✓ Manténgase en Contacto con sus Prospectos y Nuevos Líderes
- ✓ Promueva y Asista a todas las Actividades del Equipo y el Sistema

Creando una Red de Comercialización Solidad, Estable y Productiva, Desarrollando Líderes con Mentalidad Empresarial

Estos últimos 3 Principios te permitirán de manera profesional ir creando tú *Plataforma Financiera* a largo plazo; por medio del crecimiento exponencial de tu *Red de Comercialización,* que te brinda esta Industria.

Al mismo tiempo que te permite *Fortalecer tu Organización de Líderes y Desarrolladores del Negocio con base en la EDIFICACIÓN, la DUPLICACIÓN y la MULTIPLICACIÓN, permitiéndote trascender en el tiempo, transferir un legado y dejar una huella a tu Organización, marcando una diferencia* en todos los miembros de tu Equipo.

MULTIPLICANDO SUS ESFUERZOS

- ✓ Ejecute su **Plan de Acción** y Planifique Mensualmente
- ✓ **Conéctese 100% al Equipo y al Sistema** de Coaching en Formación Empresarial
- ✓ **DUPLÍQUESE** Modele el Sistema y forme a sus líderes comprometidos

PERMANENCIA, PERSEVERANCIA Y PERSISTENCIA

"Permanencia, perseverancia y persistencia a pesar de todos los obstáculos, desaliento e imposibilidades: Es esto lo que en todas las cosas distingue al alma fuerte de la débil".
-. **THOMAS CARLYLE.** -

"El hombre que se levanta después de haberse caído una y otra vez; es aún más grande que aquellos hombres que jamás se han caído"
-. **COACH TRANSFORMACIONAL YLICH TARAZONA.** -

CAPÍTULO I: DESARROLLAR LA VISIÓN Y ENTENDIENDO LA NATURALEZA DEL NEGOCIO

Estableciendo las Bases de Tú Negocio MLM. "Comprendiendo la Visión y la Oportunidad".

• Éste *Primer Ciclo*; es un *Proceso Mental* de 5 pasos esenciales para el *Comienzo de tu Negocio Multinivel* que te permitiera, *Desarrollar la Actitud Mental adecuadas y las Bases Necesarias en la Construcción de tus Sueños y en la Conquista de tus Objetivos*.

COMIENCE CON UN FIN EN MENTE

Establezca sus Sueños
- ✓ Que Quiere Alcanzar

Concrete sus Metas
- ✓ Cuando lo Quiere Alcanzar

Determine sus Compromisos
- ✓ Porque Desea Alcanzarlo

Elabore su Plan de Acción
- ✓ A donde estoy (Saber de dónde vas a comenzar)
- ✓ Para donde voy (Tomando el control de tu Negocio)
- ✓ Conque Cuento (Aliados, Habilidades y Recursos)
- ✓ Desarrolle un Proyecto de Vida (Plano, Maqueta, Mapa o Dirección). Procedimiento, Estrategia, Sistema y Estructura, Organización, Planeación y Realización

Enfóquese en los Resultados
- ✓ Manténgase enfocado en lo que quiere, hasta que lo logre.

El Éxito es "La realización progresiva de un gran sueño".

"El ejemplo no es el medio principal de influir en el otro; es el único medio"
-. ALBERT EINSTEIN. -

1.- ESTABLEZCA SUS SUEÑOS

✓ **Que Quiere Alcanzar**

> "El sueño es como una fuente de energía. Es aquello que nos motiva y nos impulsa a ir más allá de nuestras limitaciones. Es el deseo ardiente, por lograr conquistar aquello que tanto anhelamos. Es algo tan poderoso y grande que cuando forma parte de nosotros mismos nos inspira a tomar acción. Es aquello que hace; que sigamos hacia adelante, cuando nuestra mente nos dice no podemos más. Es aquello que nos hace recorrer el kilómetro extra. Es; al fin y al cabo, la razón de existir".

No importa cuán grande sea tu sueño; si de veras crees en él y te esfuerzas consistentemente por alcanzarlo, sabemos que lo lograrás...

Uno de los principios más simples y fundamentales del éxito y la excelencia es: *"determinar hacia dónde vamos"*. El conocimiento te enseñara cómo hacer las cosas; pero el ENFOQUE es lo que te llevara a *Tomar Acción*. Y esto llega únicamente, a aquellos que saben que es lo que realmente desean alcanzar en sus vidas.

Aquellos que están dispuestos a pagar y disfrutar el precio para conseguir lo que quieren; aquellos que tienen fe, convicción, coraje y persistencia hacia lo que desean, aquellos que, armados con estas virtudes, han salido a la *Conquista y Consolidación de sus más Anhelados Sueños.*

Alguna vez **NAPOLEÓN HILL** dijo que... *"Nunca lograras nada; al menos que tengas un deseo ardiente por Alcanzarlo".*

Todo en el mundo; se crea dos veces, Primeramente, en lo Profundo de nuestra Mente y segundo en nuestros Pensamiento. Luego se Materializa en la Realidad, en todas sus formas. **COACH TRANSFORMACIONAL YLICH TARAZONA. -**

NETWORK MARKETING o REDES DE MERCADEO
La Gran Oportunidad de Negocio del Siglo XXI

COMENZANDO CON UN FIN EN MENTE

Visualización, Enunciados de Éxito y Cartelera de Los Sueños. Para ayudarte a DEFINIR TUS SUEÑOS, te sugerimos que te formules las siguientes preguntas:

Si dentro de los próximos 10 años se te pidiera que presentaras una lista de todos aquellos logros de los cuales te sentirías más orgulloso ¿Qué escribiría en esa lista?

¿Qué te gustaría lograr con tu vida si tuviera el tiempo, el dinero, el talento, la salud y el apoyo de tu familia de manera ilimitada?

¿Qué clase de actividades desearías estar disfrutar aún más en compañía de tus familiares y amigos? ¿Qué nuevas habilidades te gustaría desarrollar?

¿Cuáles son aquellos sueños, aspiraciones e ideales que verdaderamente deseas alcanzar? ¿Dónde desearía encontrarte dentro de los próximos 2, 3 a 5 años?

¿Qué clase de actividad te gustaría estar desempeñando?

¿Qué ciudad quieres conocer? ¿En qué casa quieres vivir?

¿Qué persona quieres conocer para una relación de pareja?

¿Qué clase de automóvil quieres manejar? ¿A dónde viajarías o qué país visitarías?

¿En qué clase de servicio comunitario quisieras participar?

LA VISUALIZACIÓN DE LOS SUEÑOS SON LOS MÁS GRANDES CREADORES DE NUESTRA REALIDAD *"Los grandes logros comenzaron como un sueño en la mente de una persona. Al igual que todo ser se encuentra en la semilla que lo engendra, el roble duerme en la bellota, el ave espera en el huevo; él bebe se desarrolla y crece en el vientre de la madre. Pero los sueños son las semillas de grandeza que espera impaciente en tus pensamientos para hacerse realidad. ¡Querer es poder! ¡Soñar es lograr! Visualizar tus objetivos es crear en la mente la realidad que sabes que indudablemente está por venir". -JAMES ALLEN.*

EL PODER DEL ESTABLECIMIENTO Y LA DEFINICIÓN DE METAS PARA EL LOGRO DE OBJETIVOS "Comprendan cabal y claramente que es lo QUÉ realmente quieren lograr alcanzar en cada aspecto de su vida. Tenga METAS y OBJETIVOS claros, bien definidos y establecidos paso a paso. Esto evitará que se ponga a perder el tiempo en no saber qué hacer ni por DÓNDE comenzar. CUANDO usted sabe el PORQUÉ y con QUIEN desea compartir sus triunfos, esto hará que se ponga en marcha a ejecutar su COMO plan de acción hasta conseguirlo. Pero sobre todo le permitirá ponerse en marcha enfocado en el resultado final, centrado en su visión y misión de propósito"

-. COACH TRANSFORMACIONAL YLICH TARAZONA. -

VISUALIZA TUS SUEÑOS:

> *Para materializar los sueños; en la vida real, tienes que imaginártelos vívidamente, sentir la sensación de haberlos logrado YA, tenerlos presentes en cada momento e instante de tu vida, todos los días, bien sea en tu casa u oficina.*

Podrías recortar imágenes de revistas específicas de tus sueños y ponerlas en lugares visibles para ti, hacer un tablero de visión o cartelera de los sueños, igualmente escribirlo en tu agenda o diario personal. Esto te ayudara a recordar tu deseo ardiente constantemente y te motivara a desarrollar tu Negocio Multinivel.

Cuanto más específico seas; mucho mejor será la visualización, recuerda que la mente humana nunca hace diferencia entre un suceso real y uno imaginado. Por eso la visualización es tan efectiva.

Este ejercicio te ayudará a mantener tu batería cargada a su más alto nivel, serás un ejemplo para tu organización, pero sobre todo te mantendrás alegre y _Enfocado_.

Recuerda que somos *creadores* de nuestra realidad, las personas somos como imanes, _atraemos_ todo en lo que pensamos y en lo que enfocamos nuestra energía la mayor parte del tiempo.

EL PODER DE LOS SUEÑOS, METAS Y OBJETIVOS
"Si usted puede soñar con eso que desea lograr, usted puede hacerlo"
-. **WALT DISNEY**

"Tú nunca conseguirás alcanzar aquello que quieres... Tú solo lograrás alcanzar aquello que puedas visualizar claramente"
-.**ZIG. ZIGLAR.** -

ESTABLECE TUS SUEÑO, TU VISIÓN PERSONAL

- ¿Cómo te ves en los próximos 2, 3 a 5 años?

¿Qué es lo que realmente quieres Lograr Alcanzar en esta Industrial del Network Marketing Multinivel, con la Oportunidad que las Redes de Mercadeo te Ofrecen?

Visualízalo, Siéntelo hazlo parte de TI y Escríbelo detalladamente.

EL PODER DE UNA VISIÓN
"Prefiero los sueños del futuro que la historia del pasado"
-THOMAS JEFFERSON.

"Las METAS claras y por escrito te transforman de una persona con metas vagantes en una persona con un PROPÓSITO específico"
-.ZIG. ZIGLAR. –

2.- CONCRETE SUS METAS

✓ **Cuando lo Quiere Alcanzar**

¿Qué son las *Metas*?... Las metas son como los faros que guían nuestras decisiones e iluminan nuestros caminos rumbo al destino que hayamos escogido, las metas se convierten en el mapa o dirección que nos llevaran del lugar donde nos encuéntranos actualmente, el <u>PUNTO A</u> hasta el destino final a donde realmente queremos estar el <u>PUNTO B</u>.

<u>Las METAS comienzan a aparecer cuando nos comprometemos a convertir nuestros sueños en realidad, tomamos conciencia de nuestro propósito y misión de vida, creando y desarrollando un plan de acción concreto y bien definido, que nos permita lograr cada uno de nuestros objetivos en un lapso establecido previamente.</u>

Las *METAS* a la vez; nos permiten tomar acción de manera constante para desarrollar nuestro Negocio Multinivel de forma profesional, proporcionándole sentido y valor a nuestra vida.

En la *Industria del MLM*; el concepto de *Multinivel* que desarrollamos a través de las *Redes de Mercadeo*; hay METAS muy básicas pero vitales en el proceso del crecimiento de tu negocio, estas son: *cuanto volumen de productos moverás* al mes, *cuantas llamadas telefónicas* harás por día, *cuantas Presentación de Oportunidad* enseñaras, *cuantas reuniones de seguimiento* establecerás, *cuantas llamadas de motivación* realizaras a tus desarrolladores, entre otras. Estas METAS hacen parte del proceso a seguir día a día.

Antes de avanzar, al siguiente paso siéntate con tú patrocinador, líder o algún miembro de tu línea de auspicio para *establecer tus metas* a: corto, mediano y a largo plazo. Junto a ellos; podrás determinar el tiempo en que quieres alcanzarlas cada una de ellas y el *plan de acción* a seguir paso a paso.

Desarrollar la red; es una meta de vital importancia en el desarrollo del Negocio, ya que el *100% de cero (0) personas es igual a cero (0) ganancias*.

Por tal razón una de las <u>Principales Metas</u> al iniciar tu negocio, debe ser la de PATROCINAR personalmente a tus primeros 10 a 15 Desarrolladores y Líderes de Negocio para comenzar a la multiplicación exponencial de tu organización.

En función de tus objetivos y del tiempo que le dediques a la construcción de la RED, tu mentor te ayudara a establecer las metas de: *Cuantas presentaciones del Negocio y Plan de Oportunidad* enseñaras, *cuantas presentaciones personales 1ª1 Uno a Uno, cuantas Reuniones en Casa, cuantas charlas de productos, cuantos nuevos clientes, cuanto nuevos contactos, cuantas invitaciones,* cantidad de personas invitada a los eventos promovidos por la compañía, el Equipo y El Sistema de Formación del Portal NETWORKERS del Siglo XXI ®. Recuerda que... *"Un sueño sin un plan de acción, se convierte en una ilusión".*

VISIÓN, MISIÓN Y PROPÓSITO

"Solo; cuando pienses en grande, cuando pienses que puedes, cuando tengas la convicción y certeza que lo vas a lograr y determinas salir de tú zona de confort. Y comienzas a perseverar en tú visión y misión de propósito, hasta lograr alcanzar todas y cada una de tus más anheladas metas y pongas en acciones tus planes para ir firmemente tras tus sueños y comiences a creer en ti. Entonces es ahí; que empezaras a disfrutaras de los resultados de haber conquistado tus objetivos antes propuestos" ...

— **COACH TRANSFORMACIONAL YLICH TARAZONA.**

TOMANDO EL CONTROL DE TU VIDA – Definiendo metas a corto, mediano y largo plazo.

Este ejercicio tiene como objetivo; **concretar nuestros METAS, en plazos determinados y definir las fechas bases para su cumplimiento.** Cuando programamos nuestra mente; con nuestra misión y visión de propósito, hay mayores probabilidades de éxito en lograr conquistar nuestros más anhelados sueños y aspiraciones.

✓ **Metas para los próximos 7, 15 y 21 días hasta el 3er Mes.**
Mi META a Corto Plazo es

✓ **Concrete sus Metas para los próximos 06 Meses hasta los siguientes 2 Años.**
Mi META a Mediano Plazo es

✓ **Concrete sus Metas para los próximos 3 Años hasta los siguientes 5 Años.**
Mi META a Largo Plazo es

✓ **Concrete sus Metas para los próximos 6 Años hasta los siguientes 10 Años.**
Mi META a Largo Plazo es

✓ **Concrete sus Metas para los próximos 10 Años hasta los siguientes 20 Años.**
Mi META a Largo Plazo es

"Usted puede tener en la vida todo lo que desean. Si solo ayudan, a otros a lograr lo que ellos quieren". **-ZIG ZIGLAR.** Conferenciante motivacional norteamericano.

COMENZAMOS VISUALIZANDO LO QUE QUEREMOS Y TERMINAMOS MATERIALIZANDO NUESTROS SUEÑOS A LA REALIDAD "Si quieres una cualidad, actúa como si ya la tuvieras. Prueba la técnica del «como si ya»"
-. WILLIAM JAMES. -

3.- DETERMINE SUS COMPROMISOS

✓ **Porque Desea Alcanzarlo**

DETERMINE SUS COMPROMISOS

Comprométase con <u>Usted Mismo</u>
(Sus Sueños, Metas y Objetivos)
Comprométase con <u>La Visión</u>
(El Concepto de la Industria y La Oportunidad de Negocio)
Comprométase con <u>La Empresa</u>
(Sea Leal a la Compañía y a sus Productos)
Comprométase con <u>El Sistema</u> Educativo
(Sistema de Formación Empresarial)
Comprométase con <u>El Equipo</u>
(Patrocinador y Línea de Auspicio)
Comprométase con <u>Los Principios</u>
(Valores enseñados por los **NETWORKERS** del Siglo XXI ®)

DETERMINE SUS COMPROMISOS

En mis años como emprendedor en esta industria, muchas veces pude observar a personas de mi organización que trabajan todo el día y todos los días, pero sin embargo no lograban generar resultados acordes a sus aspiraciones. Al conversar con ellos para orientarlos; por lo general, pude llegar a la conclusión de que: <u>no estaban comprometidos con las tareas que realmente eran productivas para obtener los resultados deseados, y hasta en ciertos casos estabas desviados de la visión</u>.

Según las estadísticas, un *20%* de las tareas que efectuamos en nuestro negocio, producen el 80% de los resultados, y viceversa. O sea, que podemos estar muy activos; pero poco productivos. Es decir; que tal vez, estemos comprometidos en el 80% de las tareas que tan solo nos producen un *20%* de los resultados esperados. Por tan razón es importante evaluar las tácticas y estrategias que estamos aplicando para general los resultados...

A continuación, te orientare para que sepas en que enfocarte y comprometerte para lograr tus objetivos dentro de esta gran Oportunidad que te ofrecen las Redes de Mercadeo.

COMPROMÉTETE...

... A motivar a tus DESARROLLADORES hasta convertirlos en líderes.

... A enseñar a tus LÍDERES a *Duplicarse* junto con sus Desarrolladores, cada uno según su compromiso.

... A cubrir con tu cuota de activación mensual y mover los volúmenes de productos requerido por la compañía, y Enseñar a tu Organización hacer lo Mismo.

COMPROMÉTETE...

... Con tu Equipo y la línea de auspicio, recuerda que ellos confiaron en ti y son parte del equipo con que cuentas para conquistar tus sueños.

... Con los clientes, distribuidores y desarrolladores que afilies al negocio, recuerda que ellos entraron por ti; y ellos llegaran tan lejos como tú lo visualices.

... Con tu proceso de formación empresarial permanente y la de tus nuevos asociados y desarrolladores, así todos lograran como equipo desarrollar el Negocio Exitosa y Profesionalmente.

COMPROMÉTETE...

... Con el Sistema Educativo y el *Equipo de apoyo*; del cual eres parte, en la organización que representas.

... Con la Visión y Misión de la *Compañía*.

COMPROMÉTETE...

... Con el respaldo que te brinda el *Sistema Integral Formación del portal* NETWORKERS del Siglo XXI ®

LA MOTIVACIÓN ES UN PROCESO DIARIO QUE DEBEMOS HACER PARA MANTENERNOS ENFOCADOS *"La gente dice que la MOTIVACIÓN no dura. Tal vez para mucho eso sea verdad... Bueno, pero recuerden que tampoco bañarse dura todo el día. Por eso recomiendo hacer AMBAS COSAS MOTIVARSE y bañarse diariamente."*
- **ZIG ZIGLAR.** -

EL PODER DE LA ACCIÓN, LA EJECUCIÓN Y EL ENFOQUE

"Entre mayores sean tus esfuerzos y constante dedicación a una meta preestablecida con anticipación y planeación. Mejores serán los resultados y los logros obtenidos"
-. **COACH TRANSFORMACIONAL YLICH TARAZONA.** -

¿QUÉ ES EL COMPROMISO?

Compromiso es lo que transforma una PROMESA y un SUEÑO en realidad. Es la palabra que habla con coraje de nuestras intenciones. Y las acciones que hablan más alto que las palabras. Es hacerse del tiempo cuando no lo hay. Es salir airoso una y otra vez; año tras año, tras la adversidad. Compromiso es el factor clave que forja el carácter; es el poder de cambiar y transformar las cosas. Es el triunfo diario de la integridad sobre el escepticismo.

Hay muchas personas que hablan sobre el compromiso, y otros que "*son el compromiso*".

Los integrantes de la NETWORKERS del Siglo XXI ® "*somos el compromiso*"; Únete...

IMPORTANTE: *Establezca compromisos sólidos para asegurar las bases del ÉXITO en esta gran Oportunidad de Negocio Multinivel.* Su primer compromiso debe ser *Conectarse 100% al Sistema de Negocio creado por la compañía, Conectarse 100% al Equipo, que usted representa, y Conectarse 100% al respaldo que te brinda el portal* NETWORKERS del Siglo XXI ®. Su segundo compromiso debe ser Completar 100% los Ejercicios del PATRÓN DE ACCIÓN, que hemos incorporado en *sistemáticamente* en este manual de instrucciones.

Si usted se *compromete 100%* a cumplir fielmente con los compromisos de completar cada uno de los ejercicios. Le prometo que esos sueños, metas y objetivos funcionarán para usted. La preparación, la disciplina y la determinación son factores muy importantes para el logro de los RESULTADOS. Es sencillo seguir el PATRÓN DE ACCIÓN, pero nada se logra sólo con leer campeones y campeonas, hay que realizar y completar los ejercicios, poner en práctica cada una de las acciones asumidas para producir los resultados esperados.

Si usted se *compromete 100%* a poner en práctica fielmente los pasos del *Sistema Integral de Formación Empresarial*, creados por el portal NETWORKERS del Siglo XXI ® ella funcionará para usted. *El Modelaje, la Duplicación y la Repetición son factores muy importantes para la construcción de una organización sólida, estable y productiva.* Es sencillo seguir el *Sistema de Formación*; pero nada se logra sólo con leer, hay que poner en práctica cada una de las acciones, para producir los resultados, así que pongámonos en acción.

METAS y COMPROMISOS PARA DESARROLLAR MI NEGOCIO

✓ **Mi Compromiso y Meta para los Primeros 7, 14 y 21 Días es:**

Sugerencia: Afiliar a un promedio de 10 a 15 nuevos Clientes, Distribuidores y Líderes Comprometidos en Hacer el Negocio, en mi Primer Mes.

✓ **Mi Compromiso y Meta de Tiempo es:**

Sugerencia: Dedicar de 10 a 16 horas a la Semana a la Construcción de la RED.

✓ **Mi Compromiso con la Meta de Liderazgo es:**

Sugerencia: Motivar a mis Líderes Comprometidos a Aplicar el Sistema y Duplicarse.

✓ **Mi Compromiso con la Meta de Crecimiento es:**

Sugerencia: Mantenerme Activo, Consumir, Mover y promocionar los Producto y Calificar a una Posición de liderazgo en mis primeros 21 Día.

✓ **Mi Compromiso con la Meta de Ingresos Mensual es:**

Sugerencia: Crear un flujo de ingreso semanalmente, Consumir el Producto y Tener un movimiento de volumen Quincenal, a través de Clientes Preferentes y Activar el Generoso Plan de Compensación, para generar Ingresos por medio de las distintas formas ganar.

✓ **Mi Compromiso con el Sistema Educativo y el Equipo de mi Compañía es:**

Sugerencia: Apoyar en las Reuniones, Actividades, Eventos y Presentaciones de Oportunidad, Respaldar a mi Equipo y a TODA la Organización de la Compañía.

LOS COMPROMISOS DETERMINAN TU COMPROMISO *«Cualquier cosa menor que un compromiso consciente de lo que es realmente importante para TI; es un compromiso inconsciente de lo que es trivialmente sin importancia para nadie».* -**STEPHEN R. COVEY.**

Principios Universales Para Desarrollar Exitosamente
TÚ PROYECTO MULTINIVEL DE FORMA PROFESIONAL

MI COMPROMISO CON LA EXCELENCIA 1 parte

Yo, _____ **ME COMPROMETO** contigo _____
Seguir fielmente los pasos del *Sistema Integral de Formación Empresarial creados por* el portal NETWORKERS del Siglo XXI ®.

Incluyendo la asistencia a las *Reuniones Semanales, Presentación de Oportunidad* y otros *Eventos de Capacitación*, entrenamiento, formación y liderazgo Virtuales Online o Presenciales, patrocinados por la Compañía y el Equipo.

Me comprometo: a cumplir todos y cada uno de mis más anhelados sueños que he definido en el paso 2 de mi *Cuaderno de Planificación* y las metas que me he establecido en la actividad de *Mis Compromisos para mis primeros 21 Días.*

Me comprometo: *a dejarme guiar* por mi patrocinador, línea de auspicio, El Equipo y seguir los pasos necesarios para hacer, que las bases de mi Negocio Multinivel prosperen. Y así obtener la clase de vida que merezco. Porque sé; que puedo lograrlo.

Me comprometo: hablar por lo menos con 3 a 5 nuevas personas al día de la Oportunidad de Negocio que ofrece el MLM y trabajar junto con el Equipo y el portal NETWORKERS del Siglo XXI ®. Para desarrollar la red y hacer crecer mi organización, sólida, estable y productiva.

Me comprometo: a invertir un mínimo de 10 a 16 horas semanales a mí Negocio Multinivel.

Me comprometo: a mantenerme activo con mi cuota mensual en cada ciclo y Consumir fielmente los Productos de la Compañía y mantener el movimiento de volumen bien sea quincenal o mensual.

Firma del Desarrollador: _____ *Fecha:* _____

NETWORK MARKETING o REDES DE MERCADEO
La Gran Oportunidad de Negocio del Siglo XXI

MI COMPROMISO CON LA EXCELENCIA 2 parte

Yo, _____ me comprometo contigo _____ a:

Enseñarte en el inicio de tu Negocio Multinivel; los pasos a seguir, de *los Ciclos Maestros de la Duplicación y la Multiplicación en el Network Marketing* y MOLDEARTE cómo se da el *Plan De Negocio* y *Presentación de Oportunidad* hasta que lo aprendas.

Me comprometo: a llevar a cabo mensualmente una *Planificación Empresarial*; con el propósito de *Realizar Un Plan de Acción*, concreto y bien definido. Que te permita poner en marcha tú Negocio de Redes con éxito y *Lograr Resultados Permanentes* en tu organización

Me comprometo: a formarte en el inicio de tu carrera como <u>NETWORKER PROFESIONAL</u> Empresario y Líder dentro de la Industria de la Comercialización por Red de Mercadeo y desarrollar estrategias regularmente que permitan lograr los objetivos antes propuestos.

Firma del Patrocinador: _____ **Fecha:** _____.

Tengo la firme convicción y la certeza que el resultado final que alcance con la oportunidad de negocio que me ofrece el MLM; será una consecuencia de mi determinación, esfuerzo personal, y disciplina con la ejecución del Sistema y Plan de Acción de esta...

DISCIPLINA, PROACTIVIDAD Y PRODUCTIVIDAD
«Ser proactivos es mucho más que simplemente tomar la iniciativa, es entender que nuestra conducta debe ser en función de nuestras decisiones y nunca de nuestras condiciones». - **STEPHEN R. COVEY**

4.- ELABORE SU PLAN DE ACCIÓN

✓ **Enfóquese en Generar los Resultados**

✓ Identifique como Desarrollar su Negocio *(Comprenda el Plan y Desarrolle la Red)*
✓ Agende y Planifique con su Líder un Plan *de Acción para los primeros 7, 15 y 21 días* hasta el 3er Mes
✓ *Establezca junto con el Equipo y su Línea de Patrocinio* (UPLINE) *las acciones a tomar* para iniciar este paso II

PLAN DE ACCIÓN

A diferencia de muchas otras actividades; puedes iniciar este negocio, sin conocimientos previos. Porque mientras comienzas a desarrollarlo junto a la Compañía, el *Equipo,* tu línea de auspicio y el respaldo del portal NETWORKERS del Siglo XXI®, podrás aprovechar las herramientas que te proveemos en nuestro *Sistema Integral de Formación Empresarial.*

NETWORKERS del Siglo XXI ® *te* provee de: herramientas de última generación, entrenamientos virtuales ONLINE y presenciales actualizados, así como también una gran variedad de Videos DVDs, Audios CDs, Material Impreso, Manual de Instrucción, Cuaderno de Planificación y un Sistema Interactivo a través de su Blog tipo Pagina WEB, Redes Sociales, Skype, Facebook, Twitter, YouTube, Google entre otros, que te permitirán estar al día con tu negocio.

A la vez que pone a tu alcance el *Sistema Integral de Formación Empresarial*; a través de entrenamientos, reuniones semanales, capacitaciones de formación entre otros, patrocinadas por el portal NETWORKERS del Siglo XXI ® que te permitirá aprender, directamente de *los Líderes y Empresarios de las diferentes organizaciones* que están triunfando y te muestran el camino que han recorrido para que tú; al igual que ellos, también puedas hacerlo.

OBJETIVOS DE LAS REUNIONES SEMANALES (OP Presentación del Plan de Oportunidad):

Que tus invitados puedan ver la presentación de negocio, explicada por otros líderes; y puedan ver que hay más desarrolladores y empresarios de la zona, teniendo resultados.

Seguimiento para las personas que han escuchado la oportunidad de Negocio recientemente en los últimos días, y están interesado en Consumir o Distribuir los productos o ser parte de tu organización como Empresarios Independientes.

Aprender a dar la Presentación del Plan de Oportunidad, a través del MODELAJE *de los Líderes y Empresarios comprometidos que ya experiencia y los tienen resultados.*

OBJETIVOS DE LOS TALLERES DE ENTRENAMIENTO:

✓ Entrenamiento de la Presentación del Plan de Oportunidad y la <u>VISIÓN del Concepto de las Redes de Mercadeo</u> o Network Marketing Multinivel.

✓ Planificación y Desarrollo de estrategias para Maximizar las *Redes y Organizaciones.*

✓ Entrenamientos de Productos para *Líderes y Desarrolladores comprometidos.*

OBJETIVOS DE LOS RALLY, CONFERENCIAS, NOCHES DE ÉXITO, CENA DE GALA y CONVENCIONES.

Estos son los eventos más grandes, patrocinados por la Compañía, el Equipo y la NETWORKERS del Siglo XXI ® *donde* tendrás la oportunidad de compartir con personas de distintas ciudades y países de todo el mundo.

Veras a los distintos líderes, Empresarios, Networkers y desarrolladores comprometidos, siendo reconocidos por sus logros; así como también TÚ serás reconocido por los tuyos.

Escucharas *Historias de Éxito* de Empresarios Comprometidos provenientes de distintas profesiones, clases socioeconómicas y culturales; que te ayudaran tanto a Ti, como a otros miles de personas a sentirse identificados dentro del Equipo y la Oportunidad.

Principios Universales Para Desarrollar Exitosamente
TÚ PROYECTO MULTINIVEL DE FORMA PROFESIONAL

PLAN DE ACCIÓN SEMANAL
Semana del: _____ al: _____.

PLAN DE ACCIÓN	Metas	LUN	MAR	MIE	JUE	VIE	SAB	DOM	Total
Preparación de la Presentación									
Invitaciones Realizadas									
Llamadas Telefónicas									
Presentaciones de Negocios Realizadas									
Presentación del Plan OP 1ª1									
Personas Nuevas Inscritas Personalmente									
Personas Inscritas en Líneas Descendientes									
Asistencia a los Multiplanes y Eventos									
Asistencia a las Reuniones Principales									
Personas Nuevas Llevadas a la Reunión									
Movimiento y Volumen de Productos									
Nuevas Referencias Obtenidas									
Nuevos Prospectos Añadidos a la Lista									
Entrega de Material de Prospección									
Entrega de Material de Seguimiento									
Nuevos Desarrolladores Inscritos									
Nuevos Líderes Comprometidos									
Seguimientos Realizados									
Planificaciones Empresariales									
Preparación y Desarrollo Personal									
Audiolibros Escuchados									
Videoconferencias Vistos									
Numero de Pagina Leídas de mi Manual									
TOTAL									

A parte de este *Plan de Acción Semanal*; hemos desarrollado una secuencia de pasos, que si los aplicas de manera sistemática te ayudaran a concretar tus metas y compromisos.

1. *Hacer una lista de familiares, amigos y conocidos.*
2. *Invitar a tus prospectos, a las reuniones de negocio.*
3. *Presentar la Presentación del Plan de Oportunidad y los productos.*
4. *Auspiciar a tus líderes y desarrolladores comprometidos.*
5. *Hacer el seguimiento y la planificación de los nuevos líderes y afiliados.*
6. *Verificar el progreso de tu organización y planificar con tus líderes mensualmente.*
7. *Duplicarte a través del MODELAJE y la aplicación constante del sistema educativo.*

¿QUE DISTINGUE A LOS GANADORES DE LOS PERDEDORES?
"Que los GANADORES se concentran en todo momento en lo que ellos saben que pueden hacer bien, sus talentos, fortalezas, competencias, habilidades y destrezas. Aunque reconocen que tienen debilidades; nunca se enfocan en ellas, sino trabajan sobre ellas... Mientras que los perdedores se dispersan pensando en todo momento en aquellas cosas que no quieren hacer mal; enfocándose en sus debilidades, limitaciones y falta de talento, aunque saben que tienen fortalezas, parece que jamás se percatan de ellas... Si eres bueno persuadiendo, vendiendo o comunicándote, entonces enfócate en esas potencialidades, y tus debilidades se harán fuertes a medida que trabajas en ellas poco a poco, sin dejar a un lado aquellas cosas en la que sabes que eres realmente bueno... Aquí radica la gran diferencia que marca la diferencia entre los GANADORES y perdedores, la forma de actuar antes las adversidades"

-. COACH TRANSFORMACIONAL YLICH TARAZONA. -

Principios Universales Para Desarrollar Exitosamente
TÚ PROYECTO MULTINIVEL DE FORMA PROFESIONAL

CALENDARIO DE ACTIVIDADES MENSUAL

CALENDARIO DE ACTIVIDADES MENSUAL. Mes: _____ Calificación: _____							
Semanas Par / Impar	Lunes	Martes	Miércoles	Jueves	Viernes	Sábado	Domingo
1 SEMANA							
2 SEMANA							
3 SEMANA							
4 SEMANA							
5 SEMANA							

CAPÍTULO II: EJECUTANDO EL PLAN DE ACCIÓN

LOS 10 PRINCIPIOS MAESTRO DE LA DUPLICACIÓN Y LA MULTIPLICACIÓN EN EL NETWORK MARKETING

EJECUTAR EL PLAN DE ACCIÓN, TOMANDO EL CONTROL DE TU NEGOCIO. CREAR UNA ESTRUCTURA ORGANIZACIONAL SÓLIDA ESTABLE Y PRODUCTIVA. -

Expandiendo la Visión, Creando la Plataforma Organizacional

• Estos Primero 4 Principios del *CICLO DE LA MULTIPLICACIÓN* son muy activos y requieren de mucha *Acción, Disciplina y Constancia*. Los 2 primeros pasos te permitirán *concentrar tus esfuerzos y canalizarlos* en la dirección correcta con la que quieras comenzar tu negocio. Los otros 2 te *permitirán impulsar tu Negocio Multinivel al siguiente nivel.*

SEPA LO QUE QUIERE Y HACIA DÓNDE VA

1.- HAGA UNA LISTA DE PROSPECTO
- ✓ Líderes y Desarrolladores de Redes
- ✓ Consumidores y Distribuidores
- ✓ Lista de Referidos entre otras.

2.- Invite a sus Prospecto
- ✓ Presentaciones del Plan de Oportunidad
- ✓ Reuniones Principales del Equipo y el Sistema

3.- Organice sus Presentaciones
- ✓ Reunión de Casa
- ✓ Presentación 1ª1
- ✓ Reuniones Principales o Multiplanes

4.- Presente la Oportunidad OP
- ✓ Concepto del Negocio y Plan de Oportunidad

1.- HAGA UNA LISTA DE PROSPECTO

- ✓ Líderes y Desarrolladores de Redes
- ✓ Regional, Nacional e Internacional

HACER UNA LISTA DE PROSPECTOS:

Esta lista debe ser dinámica, es decir se deben incorporar nuevos nombres todos los días a la misma. Recuerda que cuanto más grande y completa sea la lista, más posibilidades de éxito tendrás. Ningún negocio de *distribución por redes de mercadeo y comercialización multinivel*; funciona sin esta lista, imagina lo que sería el negocio de un vendedor de pólizas de seguros, sin una lista de prospectos a quien llamar. Si tú estás aplicando este *Plan de Acción*; es porque en algún momento, alguien te puso en una lista.

Recuerda que los ingresos residuales que generamos como ganancias por nuestro negocio MLM; proviene de los volúmenes de productos que movemos, tanto individual como grupal y la construcción de la organización dentro de la industria de mercadeo en red.

Y estos solo puede ser posible, a través del patrocinio constante en nuestra estructura de nuevos clientes, distribuidores y desarrolladores. *Algunas personas de tu lista van a iniciar el negocio y otras no.* A las que no inicien el negocio; les puedes pedir referidos, en cualquiera de las 3 categorías, esto te va a ayudar a agregarlos a tu lista.

PASOS PARA HACER UNA LISTA DE CALIDAD

Con la ayuda de tu agenda y de tu memoria comienza a organizar todos tus contactos en una lista. Esto puede ser en la plantilla realizada por la **NETWORKERS del Siglo XXI ®**, que se muestra en las próximas páginas o puedes utilizar un block de hojas, como lo prefieras. Lo importante es que anotes todos los nombres y dejes espacio para completar con los teléfonos, mail, redes sociales (Skype, Facebook, Twitter, Google +, YouTube, LinkedIn, Blog).

Además, que puedas ir haciendo anotaciones de lo que sucede cada vez que los llames. *Es muy bueno que dividas tú lista en:* local, regional, nacional e internacional, Lista Caliente Familiares, Amigos y Conocidos, Lista de Clientes, Distribuidores, Referidos y Contactos al Frío

LISTA DE EJERCITACIÓN MENTAL

En la lista van todos tus conocidos sin pensar si pueden o no hacerlo, si le gustará o no, si tiene tiempo o no, si tiene dinero o no. *Dejemos que cada uno de ellos decida por sí mismo, sin prejuzgarlos.*

Ya que nos hemos sorprendido con personas que pensábamos que no harían el negocio, o consumirían el producto y resultan con grandes organizaciones o nos presentan a alguien que lo hace en grande, así que invita a todos y HAS QUE LAS COSAS SUCEDAN...

Debes tener en la lista en tu primera semana; de entre 100 A 200 personas como mínimo, de esta manera tendrás personas con quien trabajar y encontrar a tus primeros clientes, desarrolladores y *líderes comprometidos en desarrollar la Red de Comercialización.*

Recuerda que la oportunidad que ofrecemos tiene que ver con el estilo y calidad de vida de las personas; bien sea en *(Tiempo, Dinero o Salud).* Hay gente que se interesara por las *tres (3) opciones* mientras otras solo por *una o dos (1 o 2) de ellas*, así que por estas razones; nuevamente TE RECOMENDAMOS, PONER A TODOS A QUIENES CONOZCAS EN TU LISTA.

DOS TIPS QUE TE AYUDARAN A NO PREJUZGAR

1. Nunca se sabe a quién le va a interesar y a quien no, hasta que les presentes la oportunidad de Negocio y le des a conocer los productos y servicios que ofreces.

2. Nunca se sabe a quién ÉL conoce, que tú no conoces aún.

Repasa la lista que se presenta a continuación y pregúntate a ti mismo "¿A quién he conocido alguna vez que sea o haya sido, ___?".

Recuerda que todavía no necesitas números telefónicos o direcciones, tampoco nombres propios si no los sabes. Simplemente anota cualquier persona que recuerdes, incluyendo al empresario, profesional, dueño de negocio, la cajera del supermercado, el hombre que corta el césped de tu casa y la pareja propietaria de la florería local. Ahora solo estás recordando... *más adelante llenaremos la lista de prospectos y la lista de referidos.* **"ESTA LISTA TIENE EL PROPÓSITO DE ACTIVAR TU MEMORIA"**

COLEGAS DEL TRABAJO:
Gerente/Supervisor
Secretaria/Recepcionista
Asistente de ventas
Guardia de seguridad

PERSONAS QUE...
Perdieron el trabajo
serán o fueron despedidas
Jubiladas o Retiradas
Personas que trabajan por cuenta propia
Están buscando nuevo empleo
Necesitan trabajo "part-time"

FAMILIARES Y AMIGOS:
Esposo/a
Hijos adultos
Madre/Padre
Hermana/Hermano
Cuñada/Cuñado
Tía/Tío
Prima/Primo
Padrino/Madrina
Mejores amigos

COLEGAS DE LA ESCUELA:
Director/a
Maestros/Asistentes
Director de coro/orquesta
Consejero familiar
Enfermera de la escuela

GENTE EN ACTIVIDAD DE:
Enfermero/a
Especialista - Médico/a
Dentista /Quiropráctico
Farmacéutico
Nutricionista / Naturista
Policía / Bombero

Conductor de ambulancia
Escritor/a - Periodista
Maestro/Docente
Bancario/Cajero
Contador/Abogado
Manicurista/Pedicuirista

DISTRIBUIDOR/A INDEPENDIENTE DE:
Artículos Tupperware
Ventas por Catálogo
Ventas de Productos
Artículos de Belleza, Avon, L-bel
Productos Jafra, Mary Kay
Productos Forever Living
Productos Natural Sunshine
Productos Herbalife, Omnilife
Productos Nu-Skin, FuXion
Productos Amway, TelexFree
Productos TalkFusión, 4Life
Productos L´eudine, Illusión, Unicity
Productos Xango y Órgano Gold
Trabajadores independientes

PERSONAS QUE TRABAJAN DE:
Mecánico automotriz
Encargado estación de servicio
Representante telefonía móvil
Empleado de grandes tiendas
Empleado de galería comercial
Empleado alquiler de películas
Carnicero / Cocinero / chefs
Camarera / Barman / Lavaplatos
Dueño de negocio/Empresario
Orador público, conferencista
Fotógrafo- Tipógrafo
Locutor de radio / productor
Artista, Músico, Pintor
Familiares, Amigos y Conocidos

En esta lista pudiste *RECORDAR* personas que conociste o quizás conoces muy poco, pero en tus actividades diarias seguirás conociendo personas que pueden estar buscando una ALTERNATIVA FINANCIERA o un Plan B, y que estarán dispuestos a recibir la información y escuchar la *Presentación de Oportunidad* o conocer tus *Exclusivos Productos*.

En esta misma guía te pusimos un espacio para que continúes agregando personas a la lista.

Recuerda que la promoción de tu Negocio; depende de ti, si lo mantienes en secreto, te costara mucho encontrar consumidores y desarrolladores comprometidos.

TRABAJO EN EQUIPO

"Unirse es un comienzo. Mantenerse juntos es un progreso. Pero Trabajar juntos en Equipo es un Logro de Éxito". — **HENRY FORD**

El personal determina el potencial del equipo. La visión determina la dirección del equipo. El trabajo determina la preparación del equipo. El Mando determina el éxito del equipo"
 -. JOHN C. MAXWELL. -

Principios Universales Para Desarrollar Exitosamente
TÚ PROYECTO MULTINIVEL DE FORMA PROFESIONAL

LISTA DE PROSPECTOS

Nº	NOMBRE Y APELLIDO	Teléfono Móvil o Fijo	Correo / E-mail	Observaciones
1				
2				
3				
4				
5				
6				
7				
8				
9				
10				
11				
12				
13				
14				
15				
16				
17				
18				
19				
20				
21				
22				
23				
24				
25				
26				
27				
28				
29				
30				
31				
32				
33				
34				
35				
36				
37				
38				

Fecha: _____

NETWORK MARKETING o REDES DE MERCADEO
La Gran Oportunidad de Negocio del Siglo XXI

LISTA DE CONSUMIDORES

Nº	NOMBRE Y APELLIDO	Teléfono Móvil o Fijo	Correo / E-mail	Observaciones
1				
2				
3				
4				
5				
6				
7				
8				
9				
10				
11				
12				
13				
14				
15				
16				
17				
18				
19				
20				
21				
22				
23				
24				
25				
26				
27				
28				
29				
30				
31				
32				
33				
34				
35				
36				
37				
38				

Fecha: _____

Principios Universales Para Desarrollar Exitosamente
TÚ PROYECTO MULTINIVEL DE FORMA PROFESIONAL

LISTA DE REFERIDOS

Nº	NOMBRE Y APELLIDO	Teléfono Móvil o Fijo	Correo / E-mail	Observaciones
1				
2				
3				
4				
5				
6				
7				
8				
9				
10				
11				
12				
13				
14				
15				
16				
17				
18				
19				
20				
21				
22				
23				
24				
25				
26				
27				
28				
29				
30				
31				
32				
33				
34				
35				
36				
37				
38				

Fecha: _____

NETWORK MARKETING o REDES DE MERCADEO
La Gran Oportunidad de Negocio del Siglo XXI

LISTA A DISTANCIA

Nº	NOMBRE Y APELLIDO	Teléfono Móvil o Fijo	Correo / E-mail	Observaciones
1				
2				
3				
4				
5				
6				
7				
8				
9				
10				
11				
12				
13				
14				
15				
16				
17				
18				
19				
20				
21				
22				
23				
24				
25				
26				
27				
28				
29				
30				
31				
32				
33				
34				
35				
36				
37				
38				

Fecha: _____

LISTA CONTACTOS AL FRIO

Nº	NOMBRE Y APELLIDO	Teléfono Móvil o Fijo	Correo / E-mail	Observaciones
1				
2				
3				
4				
5				
6				
7				
8				
9				
10				
11				
12				
13				
14				
15				
16				
17				
18				
19				
20				
21				
22				
23				
24				
25				
26				
27				
28				
29				
30				
31				
32				
33				
34				
35				
36				
37				
38				

Fecha: _____

2.- INVITE A SUS PROSPECTO

Invite a sus Prospecto

- Reuniones Presentaciones de Oportunidad
- Reuniones en Casa, Principales o Multiplan

INVITAR NUEVOS PROSPECTOS:

Para algunos individuos es muy normal *hacer invitaciones haciendo contactos al frio,* con un desconocido; pero para la gran mayoría de las personas, no resulta tan fácil.

Por tal razón; si para ti esto es una actividad nueva, *puedes comenzar invitando* a la *Oportunidad de Negocio* a *tus familiares, amigos, conocidos, referidos y compañeros de trabajo compartiendo la Visión del Efecto Multiplicador* que ofrecen las redes de mercadeo.

Una de las maneras más sencillas para hacer invitaciones es establecer conversaciones diarias con las personas más allegadas, algunos de los temas que podríamos tocar; antes de hacer una invitación podrían ser los siguientes: 1 *la Familia,* 2 *el Tiempo,* 3 *el Trabajo.*

Te daré algunos ejemplos:

Uno de los temas de conversaciones más utilizados para establecer empatía con las personas con quienes nos relacionamos diariamente, seria comenzar la plática hablando sobre temas tales como LA FAMILIA, de manera amable y amena ya que esto permite romper el hielo.

Otro de los temas propicios para mantener una conversación con personas desconocidas o allegadas; es hablar sobre el factor TIEMPO. En este punto; es donde por lo general, se manifiesta otra de las necesidades "la falta de tiempo".

La mayoría de las personas están tan ocupadas; que pensar en tener más TIEMPO LIBRE, suena interesante y muchas veces esta es la oportunidad para *invitarles* a conocer cómo; con la *Industria del Network Marketing* a través de esta oportunidad de Negocio dedicándole solo medio tiempo, puede generar ingresos adicionales extra que les permitirán gozar a futuro de mayor LIBERTAD.

Otro de los temas que podríamos incluir en nuestras conversaciones cotidianas podría ser sobre EL TRABAJO, Ya que son temas comunes de las cuales muchas personas acostumbrar a hablar. Es muy probable que él o ella también te pregunten por tu nueva profesión o trabajo. Esta es la oportunidad perfecta para hacerle saber lo que haces. *Puedes decirle que estas desarrollando un negocio tipo franquicia* manejado desde tu hogar, en el área de la comercialización multinivel conocida como redes de mercadeo y que últimamente has tenidos muchos resultados.

Esto despertara el interés en la persona; y si la persona se interesara, podrías *invitarlo a una Presentaciones de Oportunidad* con tu patrocinador, a una *Presentación Personal 1ª1, o simplemente pedirles referidos,* es así de simple.

Hay muchas otras alternativas. Por lo tanto; te aconsejamos ir revisando, cuál te hace sentir más cómodo. Puede ser que simplemente te encuentres con un viejo amigo, le entregues tu tarjeta de presentación, y *lo invites directamente a una Presentación de Oportunidad, reunión principal, multiplan o charlas de productos*. A esta altura; como ya te conoce bastante bien, puede aceptar la invitación de manera inmediata.

NUESTRA ACTITUD, REFLEJA NUESTRO CARÁCTER
"Somos lo que hacemos día a día, de modo que la excelencia no es un acto, sino un hábito y un estilo de vida". **- ARISTÓTELES**

"Siembra un acto y cosecharás un hábito. Siembra un hábito y cosecharás un carácter. Siembra un carácter y cosecharás un destino"
-. STEPHEN R. COVEY. –

INVITAR A LOS PROSPECTOS A LAS PRESENTACIONES DE OPORTUNIDAD

Aprovecha la pasión y la energía de tu entusiasmo para hacer las invitaciones. Porque eso es lo que percibirán tus invitados. *Para un comienzo rápido la mejor forma de iniciar es hacer dos (2) reuniones en casa en tu primera semana* en tu *Negocio Multinivel.* Tu actitud y la convicción al invitar a las personas es la clave para que estas asistan. Tu patrocinador o líderes de la línea de auspicio junto al equipo **NETWORKERS** del Siglo XXI ® te ayudaran a invitar correctamente. Invita a todos; recuerda que, *esto es un negocio de relaciones, entre más personas invites, más probabilidades tendrás.*

Si tienes espacio para 10 personas <u>INVITA 30</u>, ya que a algunas personas se les puede presentar algo improvisto que les impedirá asistir a la reunión; y otras no tendrán siquiera la intención de hacerlo.

Como tú patrocinador o Líder Upline dispondrá de su valioso tiempo; para ayudarte en tus primeras reuniones de negocio, lo más correcto sería invitar a tantos invitados te sean posible, recuerda has que las cosas sucedan.

Sugerencias para tener en cuenta

Cuando invites a una persona el objetivo es despertar la curiosidad y conseguir una cita para explicar la oportunidad de negocio de una manera profesional por que *"nunca habrá una segunda oportunidad para causar una buena* PRIMERA IMPRESIÓN*".*

Actúa inteligente y profesionalmente, jamás expliques el negocio o hables del producto a medias; ya que a veces las personas mayormente prejuzgan la poca información que le suministraste, y toma decisiones apresuradas automáticamente, sin darse la oportunidad de escuchar el resto de la información.

Evita palabras como venta de productos o servicios, hable siempre de forma profesional y utilice términos como *Reunión Empresarial, Concepto de Negocio* u *Oportunidad Financiera.*

Recuerda que tu patrocinador o líderes de tu línea de auspicio son Empresarios y NETWORKER comprometidos y Desarrolladores de Negocio con resultados. Así que habla e invita con seguridad.

Cuando invites a una persona a la *Presentación de Oportunidad* ten presente que estas invitándola a ESCUCHAR *un concepto de negocio que puede cambiar y transformar su calidad y estilo de vida.*

Por lo tanto, tu actitud, postura y presencia deben ser la de un <u>EMPRESARIO EXITOSO</u>. Nunca digas que esto es una oferta de empleo o una oportunidad para trabajar, ya que esto le resta importancia al mensaje que queremos transmitir en sí.

Recuerda que lo que estamos ofreciendo es <u>Un Concepto de LIBERTAD FINANCIERA, que a través del MULTINIVEL les permita a las personas tomar el control de sus vidas</u>.

Se entusiasta en la llamada y se específico en el día y hora de la cita; exige puntualidad y se puntual, deja tus números de teléfono por si le surge algún contratiempo, *confirma nuevamente la reunión de negocio a tus invitados unos días antes de la presentación.*

> Si es un matrimonio; invita siempre a la pareja. Cuatro ojos, cuatro oídos y dos mentes ven, escuchan y piensan mejor que una. Esto te ahorrará tiempo y esfuerzo. *Es mejor que los dos como pareja reciban la misma explicación, de los líderes comprometidos*, los Empresarios y NETWORKERS con resultados que pueden transmitirle la información correctamente. Porque esto; les permitirá a ambos, tomar una mejor decisión como pareja y esto fortalecerá a la vez la relación matrimonial al momento de iniciar el negocio. Recuerda que, si uno de ellos no asiste a la presentación de oportunidad, el que asistió tendrá que explicarle el plan de negocio al que no se presentó.

"El ÉXITO no es un acontecimiento de un solo día, es un proceso que se repite toda la vida. Usted puede ser un ganador en su vida si se lo propone. YA QUE NACISTE Y ERES UN TRIUNFADOR desde el instante de la concepción... Recuerda: Las personas exitosas realizan actividades que les permitan ganar de vez en cuando; porque saben que tanto el triunfo, la victoria, así como la conquista son hábitos que deberían desarrollarse constantemente en su estilo de vida... Las personas exitosas; asimismo tienen presente que, perdiendo también se gana. Porque saben que cada fracaso los acerca más a su propósito y que cada derrota los fortalece y les enseña lo que deben mejorar. En fin y al cabo; tanto los triunfos como las derrotas, son tan importantes para el éxito, que cuando aprendemos de ellas nos hacemos más fuertes y merecedores de vivir ese estilo y calidad de vida extraordinaria por la que tanto nos hemos esforzamos día tras día" **-. YLICH TARAZONA. -**

NETWORK MARKETING o REDES DE MERCADEO
La Gran Oportunidad de Negocio del Siglo XXI

INVITE SUS PROSPECTOS CORRECTAMENTE

Esperemos que a usted lo hayan invitado correctamente; a escuchar una presentación sobre un concepto de negocio, que podría cambiar y transformar su vida para siempre.

Es muy importante para su propio éxito personal; que usted comprenda, la diferencia entre hacer la "INVITACIÓN" y dar la "presentación" del plan (Presentación de Oportunidad). Ya que la mayoría de las personas pueden tomar una decisión inmediata; sin antes haberse tomado el tiempo suficiente para recibir una buena presentación del <u>Concepto de Negocio,</u> que les ofrece La INDUSTRIA DE Network Marketing Multinivel

Es de vital importancia en este punto comprender, que siempre debe estar atento de evitar hablar sobre su negocio o producto con un posible prospecto, sino puede hacer una *presentación* completa del plan. Por tal razón; le invitamos para que mientras usted aprenda correctamente a presentar la oportunidad financiera, pueda apoyarse en su equipo y líderes de su línea de auspicio, para que le <u>MODELEN</u> la presentación del Plan de Negocio correctamente.

INVITACIONES MODELOS

✓ *Presentación y saludo inicial*
Hola que tal_____ te habla _____ un gran saludo.

Estableces la Relación, creas Rapport e introduces tu Invitación
Te llamo por lo siguiente, hay una oportunidad extraordinaria de negocio en mercadeo en red; que actualmente estoy desarrollando para generar ingresos adicionales, y me gustaría reunirme contigo para PRESENTARTE A UN EMPRESARIO EXITOSO que estará presentando una Oportunidad Financiera en mi casa, y quiero que como amigo estés ahí. Que día te parece mejor "Tengo disponible él _____ y el_____. ¿Cuál es el mejor momento para ti?" Fije claramente fecha, hora, y lugar.

✓ *Presentación y saludo inicial*
Hola que tal_____ te habla _____ un gran saludo.

Estableces la Relación, creas Rapport e introduces tu Invitación
Te llamo para informarte, que estoy buscando un socio para expandir un negocio en la zona… ¿Estas abierto a realizar alguna actividad paralela a la que ya estás haciendo, que te permita generar ingresos adicionales a las que ya tienes?… "¿Por qué no nos reunimos para darte más detalles y mostrarte algunas formas potenciales de ganancia? "Tengo disponible él _____ y el_____. ¿Cuál es el mejor momento para ti?" Fije claramente fecha, hora, y lugar.

Principios Universales Para Desarrollar Exitosamente
TÚ PROYECTO MULTINIVEL DE FORMA PROFESIONAL

✓ **Presentación y saludo inicial**

Hola que tal _____ te habla _____ un gran saludo.

Estableces la Relación, creas Rapport e introduces tu Invitación
Te llamo para informarte, que Estoy creando una red de comercialización a nivel nacional e internacional para introducir un proyecto innovador... y Estoy buscando una persona emprendedora y con ganas de salir adelante... En este momento de tu vida. ¿Estás cómodo económicamente o estas abierto a escuchar una oportunidad de negocio? "Tengo disponible él _____ y el_____. ¿Cuál es el mejor momento para ti?" Fije claramente fecha, hora, y lugar.

"El ÉXITO no es un acontecimiento de un solo día, es un proceso que se repite toda la vida. Usted puede ser un ganador en su vida si se lo propone. YA QUE NACISTE Y ERES UN TRIUNFADOR desde el instante de la concepción... Recuerda: Las personas exitosas realizan actividades que les permitan ganar de vez en cuando; porque saben que tanto el triunfo, la victoria, así como la conquista son hábitos que deberían desarrollarse constantemente en su estilo de vida... Las personas exitosas; asimismo tienen presente que, perdiendo también se gana. Porque saben que cada fracaso los acerca más a su propósito y que cada derrota los fortalece y les enseña lo que deben mejorar. En fin y al cabo; tanto los triunfos como las derrotas, son tan importantes para el éxito, que cuando aprendemos de ellas nos hacemos más fuertes y merecedores de vivir ese estilo y calidad de vida extraordinaria por la que tanto nos hemos esforzamos día tras día"

-. COACH TRANSFORMACIONAL YLICH TARAZONA. -

UTILIZANDO LAS REDES SOCIALES

✓ ***Presentación y saludo inicial***
Hola que tal, he visto en tu perfil que eres una persona emprendedora y que te gustan los negocios, creo que tengo una información que tal vez te pueda interesar.

Estableces la Relación, creas Rapport e introduces tu Invitación
Al hacer la invitación mantente enfocado en que tu objetivo es "INVITARLO, *nunca darles el plan a medias*". Recuerda que el contacto y como contactas es clave, si las personas sienten que estas entusiasmado y enfocado sentirán curiosidad y querrán conocerte.

¿QUE DISTINGUE A LOS GANADORES DE LOS PERDEDORES?
"Que los GANADORES se concentran en todo momento en lo que ellos saben que pueden hacer bien, sus talentos, fortalezas, competencias, habilidades y destrezas. Aunque reconocen que tienen debilidades; nunca se enfocan en ellas, sino trabajan sobre ellas... Mientras que los perdedores se dispersan pensando en todo momento en aquellas cosas que no quieren hacer mal; enfocándose en sus debilidades, limitaciones y falta de talento, aunque saben que tienen fortalezas, parece que jamás se percatan de ellas... Si eres bueno persuadiendo, vendiendo o comunicándote, entonces enfócate en esas potencialidades, y tus debilidades se harán fuertes a medida que trabajas en ellas poco a poco, sin dejar a un lado aquellas cosas en la que sabes que eres realmente bueno... Aquí radica la gran diferencia que marca la diferencia entre los GANADORES y perdedores, la forma de actuar antes las adversidades"

-. COACH TRANSFORMACIONAL YLICH TARAZONA. –

3.- ORGANICE SUS PRESENTACIONES

Organice sus Presentaciones

✓ Reuniones en Casa
✓ Presentación 1ª1
✓ Reuniones Principales o Multiplanes

SUGERENCIAS Para TENER EN CUENTA AL ORGANIZAR UNA REUNIÓN EXITOSA EN CASA

El lugar debe estar ordenado y limpio, preferiblemente utilizar la sala, si vas a agregar sillas, hazlo solo a medida que sea necesario.

Si vas a servir un refrigerio, o vas a hacer una degustación del producto; siempre hazlo al terminar la reunión, nunca en medio de la presentación.

Recuerde siempre invitar el doble de personas; de las que piensas, que puedan llegar a la presentación, así tendrás una reunión mucho más exitosa.

Ten siempre a la mano tus herramientas del Sistema Educativo, principalmente el *Manual de Instrucciones* creado por el portal NETWORKERS del Siglo XXI®, el Catálogo de Productos de la Compañía a la que representas, Audios del Sistema, Videos de Seguimiento y la Pizarra para la presentación del plan.

Es importante que tengas siempre a la vista el material impreso que vas a utilizar; así como videos de la presentación o cualquier otra herramienta desarrollada por la *Compañía*, el *Equipo* o las herramientas de respaldo creados por el portal NETWORKERS del Siglo XXI ® en el momento adecuado, para que los invitados presten mayor atención a lo que se está explicando.

Recuerda que los niños se aburren mucho en las reuniones para adultos, y no entienden que este concepto de negocio puede cambiar sus vidas y la de sus padres. Por lo tanto; organizarte, para acostarlos temprano o que alguien los cuide, mientras se presenta la Presentación de Oportunidad.

Evita todo tipo de distracciones tales como TV, Internet, radios, etc. Es recomendable que los teléfonos móviles, deban estar en silenciador y los fijos desconectados.

Vístete apropiadamente para una *Reunión de Negocios Exitosa*, recuerda que, al hacer la presentación, las personas que asisten a la misma ven en Ti la imagen corporativa de la COMPAÑÍA; y de la impresión que les des, depende que ellos ingresen o no a tu organización, o deseen consumir los productos. Recuerda que las personas siguen a personas jamás a las compañías.

Se puntual para iniciar, tal como se lo pediste al invitarlos. Puedes darles *15 minutos* de preámbulo; recuerda que las personas más importantes son los que están presentes.

Nunca te distraigas esperando o hablando del que aún no ha llegado. Mientras esperas jamás hables a medias del negocio; dedícate solo a conversaciones de índole social.

Si eres el anfitrión es importante tener una actitud positiva y presentar (*EDIFICAR*) al Líder que viene a explicar el concepto negocio de la siguiente forma:

"Mi esposa y yo hemos empezado un negocio y estamos muy entusiasmados con los logros y los resultados que podemos alcanzar", nuestro socio y amigo. Es uno de los *Líderes Comprometidos* con el Negocio, un *Empresarios Exitoso*, miembros del Equipo y la Organización NETWORKERS del Siglo XXI ® que nos está respaldando a desarrollar nuestro negocio. Él nos presentará la Presentación de Oportunidad y al final se quedará para responder algunas preguntas y ayudarlos a iniciar, al igual que lo hizo con nosotros.

Según la experiencia y los resultados de quien vaya a presentar la Presentación de Oportunidad, es importante *Edificarlo Correctamente*. Pero tan importante como lo es la Edificación. Es de vital importancia, mostrar de igual manera; el agradecimiento y el respeto, que tenemos hacia nuestro líder, por haberse tomado el tiempo de <u>MODELARNOS</u> y apoyarnos en el inicio de nuestro Negocio.

Como anfitrión debes tomar notas y grabar la Presentación de Oportunidad de ser posible, pues tus invitados estarán pendientes de tu actitud; y además de esta manera, podrás en lo futuro revisar tus apuntes y/o grabaciones, para aprender cuando te toque a ti, hacer tus propias presentaciones de negocio.

Nunca interrumpas al Líder durante la reunión, piensa que si el invitado ve; que tú te entrometes, se quedara con la idea o mala impresión de que están desorganizados y que tal vez tú no tienes todas las cosas claras.

Es importante que tengas a la mano los videos y materiales de seguimiento para prestárselos a las personas; que les interese el negocio, pero que aún no está listo para comenzar.

Los Empresarios, Networkers y los Líderes de tu línea de Auspicio, junto con todo el Equipo, que conforma la organización te proveerán de todas las herramientas (Videos, Audios, Folletos, Trípticos, Manuales del Modelo de la Presentación de la Oportunidad, Catálogos de Productos, o puedes respaldarte con las herramientas desarrolladas por la NETWORKERS del Siglo XXI ®.

EL PODER DE LA ACCIÓN, LA EJECUCIÓN Y EL ENFOQUE *"Si Tienes éxito muy rápido al principio, trata algo más difícil. Recuerda que el verdadero éxito se forja a través de la adversidad, cada prueba es una enseñanza que te preparara para el futuro"*
-COACH TRANSFORMACIONAL YLICH TARAZONA

SUGERENCIAS Para TENER EN CUENTA AL ORGANIZAR UNA PRESENTACIÓN EXITOSA 1ª1

Busca un lugar apropiado que sea neutral, como un restaurant, el lobby de un hotel, una oficina, etc... Si es un conocido, la presentación de la *oportunidad 1ª1* puede ser en su casa o en la tuya.

Ve vestido para la ocasión, recuerda que eres un empresario exitoso. Pero siempre prestando atención al nivel socioeconómico de tu invitado, es importante hacer empatía y crear rapport.

Lleva tus Herramientas de Seguimiento, manuales de negocio, catálogos y muestras de productos, material impreso, folletos, herramientas audiovisuales, audios y videos, para que puedas mostrárselo y planificar un seguimiento posterior.

Aprende a utilizar tu oficina virtual o ten a la mano tu talonario o planilla de inscripción, llévala para poder afiliar a tus prospectos interesados en ese mismo momento. A veces las personas están listas para comenzar, pero quienes les presenta la Presentación de Oportunidad, demoran el ingreso, porque no se prepararon para afiliar a una persona que toma decisiones rápidas. Ten el *Sistema de Prospección* a la mano (Videos, Audios y Material Impresos) de seguimiento para el caso en que la persona requiera recibir más información.

PERSEVERANCIA A PESAR DE LAS ADVERSIDADES

«*Pelea un asalto más. Cuando sientas los pies tan cansados que tienes que arrastrarlos para volver al centro del cuadrilátero, pelea un asalto más. Cuando tengas los brazos tan cansados que casi no puedes levantar las manos para ponerte en guardia, pelea un asalto más. Cuando estás sangrando por la nariz y tienes los ojos negros y te sientes tan desfallecido que quisieras que tu contendor te pusiera fuera de combate con un buen golpe en la mandíbula, pelea un asalto más... recordando que el hombre que pelea un asalto más nunca se vencerá*».

-*JAMES J. CORBETT.*

SUGERENCIAS Para TENER EN CUENTA AL ORGANIZAR UN PLAN DE OPORTUNIDAD EN LAS REUNIONES PRINCIPALES O MULTIPLANES

Antes de una presentación de la Presentación de Oportunidad es vital tener en claro:

¿Cuál es el objetivo de la reunión?: la *presentación del negocio*, hacer seguimiento, dar entrenamiento o presentar una charla y degustación de productos.

¿Qué dinámica y herramientas vas a emplear? Vas a utilizar una presentación power point, la pizarra, videos, láminas, etc. Sea lo que sea, téngalo preparado.

¿Cuál es el mensaje, especifico, que quieres transmitir a las personas? Si la reunión es para presentar la Presentación de Oportunidad hay tres cosas claves a generar:

1. *Empatía y Rapport.* Recuerda, la regla de oro "TRATA A LOS DEMÁS COMO A ELLOS LES GUSTARÍA SER TRATADOS"

2. Que sientan que hay una *OPORTUNIDAD REAL, de transformar sus vidas* y que ellos pueden ser parte de ese cambio, así pueden volver a comenzar a soñar.

3. Que vean que Tú perteneces a un gran Equipo NETWORKERS del Siglo XXI® que nunca estarás solo y, sobre todo, hazle saber que ellos tampoco lo estarán. De esta manera se reduce la angustia por lo desconocido.

DETERMINACIÓN Y CONSTANCIA. *No conozco ningún hecho más alentador que la incuestionable capacidad del hombre para dignificar su vida por medio del esfuerzo consciente.*
- ***HENRI DAVID THOREAU***

"La diferencia entre una persona enfocada y una desenfocada no es la falta de fuerza, tampoco la falta de conocimiento. Sino más bien, es una falta de voluntad.
-. VINCE LOMBARDI. -

LA REUNIONES CENTRALES O MULTIPLANES TIENEN COMO PROPÓSITOS PRINCIPALES:

1. Llevar <u>*el mensaje de que existe un concepto de negocio llamado red de mercadeo, una oportunidad financiera a través de la cual se puede lograr la independencia financiera y hacer los sueños realidad*</u>.

2. <u>*MODELAR*</u> a los líderes, distribuidores y a los nuevos desarrolladores, como es que se presentan la Presentación de Oportunidad, reuniones principales o multiplanes.

3. <u>*Construir y fortalecer las relaciones*</u> tanto de los INVITADOS; como la de los nuevos clientes, distribuidores y desarrolladores que van de invitados a las presentaciones de la oportunidad que la Industria de Redes de Mercadeo Multinivel les Ofrece.

4. <u>*Desarrollo del liderazgo en el equipo y modelar a través del ejemplo y la acción*</u> "El ciclo continuo de la duplicación y la multiplicación de este manual".

RECOMENDACIONES:

Mantenga la reunión de negocio simple y duplicable. Mientras más *simple* se presente la oportunidad financiera más <u>*DUPLICABLE*</u> será para sus desarrolladores y más poderosa al <u>*MULTIPLICARSE*</u> en su organización.

La presentación de la oportunidad de negocio debe hacerse sencilla. Utilizando el Sistema Educativo de tu compañía, el *manual de instrucciones* de la NETWORKERS del Siglo XXI ® *y el modelo del plan* utilizado por el Equipo. En lo posible debe evitar utilizar términos muy elaborados; ya que esto no permite la duplicación.

Lo más importante en una presentación EXITOSA; es que parta del corazón, exprese tu entusiasmo y la pasión que sientes por la oportunidad que la Industria de Redes de Mercadeo Multinivel te ofrece. Esto es lo más importante; y es, lo que la hace duplicable.

Use siempre él *Manual de Instrucciones* de la NETWORKERS del Siglo XXI® para sus presentaciones, Así como también debes utilizar siempre los recursos diseñados y las herramientas aprobadas por la COMPAÑÍA como lo es el Sistema Educativo y las herramientas creadas por el Equipo de tu Línea de Auspicio o UPLINE para aprender a dar la Presentación de Oportunidad.

IMPORTANTE: La presentación de la Presentación de Oportunidad es vital para su éxito. Una de las cosas que hay que vencer; al principio, es el miedo a dar el plan de negocio. ÉL líder que retrasa dar la Presentación de Oportunidad; va a retardar el proceso de duplicación y multiplicación de su organización. Si el nuevo desarrollador pospone dar la reunión hasta estar preparado; posiblemente sus afiliados también pospondrán dar el plan.

RECUERDE: Q*ue la actitud del líder se reflejara en sus desarrolladores.* Es importante al momento de estar presentando la Presentación de Oportunidad en las reuniones principales o multiplanes; *resaltar que toda la información que se está dando, se encuentra en el* Sistema Educativo de la compañía, en el *Manual de Instrucciones creado por el portal* NETWORKERS del Siglo XXI ® *y las Herramientas Diseñadas por el Equipo de tu Organización*. Y que los invitados que estén interesados en desarrollar la oportunidad financiera que ofrece las REDES DE MERCADEO, al final pueden solicitar las herramientas del negocio al desarrollador que le invito a la reunión.

4.- PRESENTE LA OPORTUNIDAD

- ✓ Presente la Oportunidad Financiera
- ✓ Presentación de Oportunidad o Concepto del Negocio

LAS PRESENTACIONES DE LA OPORTUNIDAD SE DIVIDEN EN 3 ETAPAS

Los objetivos de una Presentación de Oportunidad son:

Auspiciar Nuevos desarrolladores y líderes comprometidos en crear la RED, una organización sólida, estable y productiva.

Encontrar nuevos clientes preferentes y distribuidores.

PRINCIPIOS BÁSICOS PAR TRIUNFAR Y LEYES PRELIMINARES DEL ÉXITO
"Todo está en nuestra mente, todo está en nuestros pensamientos y acciones. Cuando decidimos dar el primer paso y hacer que las cosas sucedan. DIOS, La Fuente Divina, La Energía Universal y El Destino comenzaran a conspirar a nuestro favor proporcionándonos las circunstancias y los acontecimientos que estén en armonía con nuestro propósito y misión de vida. Las leyes y principios son inquebrantables, actúan cada vez que generamos una causa, produciendo un efecto, cada vez que creamos una acción producimos un resultado en el universo, porque así está escrito... Que todo lo que sembremos eso mismo segaremos" **-.**
COACH TRANSFORMACIONAL YLICH TARAZONA. -

PRESENTAR EL PLAN DE NEGOCIO.

Antes de hablar con una persona no sabremos si querrá unirse a nuestro equipo, o solo desea recibir más información de la Compañía y sus maravillosos productos. Tal vez en algunos casos, ninguna de las dos (2) opciones anteriores.

Pero igualmente nos puede dar referidos. Por lo tanto, <u>es bueno siempre hablar de la compañía, los productos y explicar claramente el concepto financiero de negocio con todos</u>.

Este es un negocio de relaciones, cuantas más presentaciones del negocio hagas mejor.

El éxito va a depender de cuantas Presentaciones de Oportunidad diarias hagas en los próximos 3 meses.

Recuerda que *la mejor manera de empezar tu negocio es tener dos (2) reuniones grandes en tu casa*, oficina, etc. Durante la primera semana, esto te asegura un comienzo rápido.

Es conveniente realizar las reuniones Presentación de Oportunidad a partir de las *6:00 las 6:30 o más tardar 7:00 PM según sea el caso. Y recordar que la reunión debe tener un tiempo de duración de 45 minutos.*

- ✓ **1ar. ETAPA: La Recepción antes de la Reunión / 15 minutos:**

Es la *apertura* previa; que comienza, según van llegando los invitados. Bien sea; a una *Reunión de Casa, Reunión Principal* o *Multiplan*.

Esta apertura tiene como objetivo ir dando la bienvenida a los invitados, y es de vital importancia que en estos *primeros 15 minutos* se <u>establezca una comunicación positiva</u>.

En esta primera etapa de apertura es importante establecer conversaciones sobre temas personales tales como: de dónde son, a que se dedican, intercambio de opiniones, etc. <u>Pero NUNCA hablen del negocio</u>.

✓ **2da. ETAPA: Presentación de la Presentación de Oportunidad / *45 Minutos***

Está segunda etapa está formada por 2 partes.

La primera parte: Es la presentación del líder la (*EDIFICACIÓN*) por parte del nuevo distribuidor o desarrollador; esto es vital importancia para crear confianza y seguridad en el invitado, y establecer un ambiente favorable y positivo para recibir la información.

La segunda parte: Es la presentación del plan de negocio (Presentación de Oportunidad), que debe ser dada por el *LÍDER*, Empresario o el Patrocinador que esté bien preparado.

✓ **3ra. ETAPA: Modulo de Seguimiento después de la reunión / *15 Minutos***

Esta etapa es crucial para pasar al siguiente nivel de tu Negocio. Es donde nos vamos a reunir con los futuros distribuidores interesados en desarrollar la oportunidad de Negocio. *Según su nivel de interés y compromiso les hacemos entrega del material de seguimiento* y se establece una fecha para realizar su afiliación, la planificación empresarial y la reunión de casa o charla de productos según sea el caso.

Importante: El *material de seguimiento recomendado* son: El *Sistema Educativo* de la compañía, los videos de la oportunidad de Negocio y herramientas de prospección, seguimiento, modelo del plan, audios del sistema aprobados por el Equipo de tu línea de auspicio y portal **NETWORKERS del Siglo XXI ®**.

SUGERENCIAS PARA PRESENTAR LA PRESENTACIÓN DE OPORTUNIDAD

✓ **1ar parte. Presentación de la empresa, la metodología de comercialización por red y la biotecnología de los productos.**

*Tiempo: Procura que <u>el tiempo empleado para la presentación del Plan de Negocio sea de 45 minutos</u> máximo; ya que, a partir de ese momento, las personas empiezan a inquietarse y pierden la concentración.

*Presentación: <u>Comienza hablando de tu historia de éxito, tus sueños y tus luchas, esto permite romper el hielo y bajar la tensión de los invitados</u>, puedes hacer referencia de los cambios globales que hemos venido presenciando en los últimos años, el momento histórico actual que estamos viviendo y como este concepto financiero es una alternativa.

Puedes compartir TÚ VISIÓN, *lo que viste cuando te presentaron la oportunidad de Negocio* y hablar un poco del por qué y el para qué estás desarrollando esta oportunidad de negocio y cuál es tu objetivo y los resultados que quieres lograr en esta Industria.

*El Concepto de Negocio: Has una breve explicación sobre la industria de redes de mercadeo multinivel, su funcionalidad, rentabilidad, beneficios, crecimiento, expansión global y comparte algunas de las opiniones de los expertos en la materia. <u>Finalmente te enfocas en el potencial de ganancia, haciendo referencia a los ingresos residuales y las regalías</u>.

*La Empresa: <u>Comenta una breve historia de la trayectoria de la compañía, su respaldo económico, donde está ubicada, cuánto tiempo lleva en el mercado, los países en los que tiene presencia internacional, quiénes son sus asesores</u> financieros y de negocio. <u>Edifica a su Fundadores</u>, menciona además los puntos más resaltantes de la filosofía, visión y misión de tu compañía. Finalmente puedes mencionar las partes más importantes que a ti te parecen claves si la ocasión lo requiere.

*Los Producto: Inicia por <u>la innovación, patentes y biotecnología de los productos</u>, su exclusividad, garantía de calidad, bondades y beneficio. Has una presentación de demostración de lo que hace tu producto o una degustación de ser posible, y comparte tu experiencia personal y varios testimonios con los presentes sin excederte a los 10 minutos

2da parte. Como ingresamos, requisito para calificar y potencial del plan de compensación

*Ingreso: <u>Explica brevemente los puntos para afiliarse y activar su código de asociado para comenzar su negocio bien sea como consumidor, distribuidor o Empresario Independiente, Explica como adquirir los productos y has mención particularmente de los pasos más resaltantes, de cómo calificar y ganar los ingresos</u>.

*Requisitos de Calificación: Este punto es de vital importante, <u>explica detalladamente cuales son los requisitos necesarios para calificar a las posiciones o niveles de la compañía y menciona los requerimientos indispensables para g eneral las ganancias residuales del generoso Plan de Compensación y las diferentes formas de ganancias</u>.

*Plan de Compensación: Explica cómo se puede generar ingresos residuales, en este negocio, a corto, mediano y largo plazo, <u>haciendo énfasis en los tres (3) pilares que son: AUSPICIO, RETENCIÓN y el MOVIMIENTO DEL VOLUMEN</u>.

*El Equipo de Apoyo y El Sistema de Formación: _EDIFICA la organización y la estructura de tu línea de auspicio, del equipo de apoyo y el respaldo de los líderes que te modelaran y te guiaran en el proceso de tu aprendizaje_, y has referencia al *Sistema Integral de Formación Empresarial* creada por el portal **NETWORKERS del Siglo XXI®**, para su formación y entrenamiento en su carrera como *Desarrolladores y Empresarios Exitoso*. De igual forma da a conocer el material de apoyo y las herramientas del Sistema Educativo para poder construir un negocio sólido, estable y productivo.

*Cierre: Termina dando las gracias por la asistencia de los presentes, invítales a que se ponga en contacto con la persona que le hizo la invitación a la oportunidad de negocio y finalmente termina preguntándoles a las personas si están listas para empezar. Recuerda que muchas personas no entran al negocio; porque el que los invito nunca se lo pregunta. Ya que dan por hecho que todos van a ingresar.

3ra parte. Módulo de Seguimiento, la reunión después de la reunión

*Módulo de Seguimiento: Reúnete con las personas más interesadas, preséntales a los líderes de tu organización y edifícales a los Empresarios que estén presente, entrégales material de seguimiento, planifica una reunión con ellos para retirar el material del sistema en las próximas 48 horas, agenda una charla de producto o una planificación empresarial para los que quieran distribuir el producto o comenzar el negocio; para este punto puedes hacer preguntas tales como

"¿quién está listo para empezar ahora mismo?".

Si encontramos personas decididas que estén listos para comenzar, se formaliza la inscripción y se llena el contrato de afiliación a través de la oficina virtual. Se les enseña cómo activar su código y se les hace su primer pedido de producto con un promedio de puntos necesarios para comenzar y activar en su primer ciclo.

Y finalmente se conecta al futuro desarrollador 100% al Sistema Educativo, a su patrocinador, línea de auspicio y al Equipo para que le comiencen a MODELAR el sistema y lo apoyen en el inicio de su negocio.

Finalmente motiva a las personas interesadas a que se reúnan con quien les invitó, para que puedan, agendar el plan de acción a seguir, y en tu caso en particular reúnete con tus invitados para ver cuál es el próximo paso y coordinar con cada uno de ellos y sacarles a todos una nueva cita en las próximas _24 a 48 horas_, bien sea para consumo y venta del productos, seguimiento o para agendar la planificación empresarial y comenzar a trabajar con los futuros líderes y desarrolladores que demuestren interés.

Preguntas sugeridas, para después de un plan de oportunidad:

De lo que viste de la presentación de oportunidad, ¿Qué fue lo que más te llamo la atención?

¿Te gustaría ayudar a otras personas, a mejorar su salud y generar un ingreso extra?

Con cualquiera de *estas dos (2) preguntas podrás evaluar el nivel de comprensión* de la otra persona. Esto te permitirá hablar de los puntos más resaltantes, que permitirán al futuro líder y desarrollador a tomar la decisión de formar parte de tu organización.

Las reuniones de seguimientos son para fomentar las relaciones entre el patrocinador y sus invitados; así como también, responder a las preguntas del nuevo distribuidor y futuro desarrollador.

Después de escuchar las preguntas u objeciones y contestarlas.
Puedes volver a hacer preguntas tales como:

¿Estamos listos para empezar? · ¿Crees que puedes hacer la diferencia al comenzar en este negocio?
¿Estarías dispuesto a iniciar este proyecto de negocio conmigo, ahora mismo?
¿Cuáles de nuestros productos te llamaron la atención y cual sería de tu interés?

Recomendaciones: *Has preguntas de generen acción*, como las mencionadas anteriormente, esto permite darle a la presentación profesionalismo, y que las personas te perciban como un Empresario Comprometido. Trata de siempre mantenerte relajado y tranquilo, mantén tu postura como Empresario Exitoso, y agrega valor a la oportunidad de negocio que estas ofreciendo, sin forzar a nadie a que entre en el proyecto; permite que ellos mismos tomen la decisión y vean en ti; un líder en quien confiar, para ayudarlos a comenzar. Después de responder cada pregunta, haces silencio... Y si los interesados no ponen más objeciones, tu vuelves a preguntar... - ¿Estás listo para comenzar?

Si dice que no, puede ser que aun tenga dudas y requiera que lo vuelvas a invitar a otra reunión. Si lo ve bien pero aún no quiere desarrollarlo, puedes pedirles referidos para seguir ampliando tu lista. <u>Si dice que sí, proceden a la gestión de patrocinio; le llenas su contrato de afiliación e inmediatamente agendan una planificación empresarial para comenzar a trabajar juntos en "crear su futuro financiero".</u>

Paso III – TOMANDO EL CONTROL DE TU NEGOCIO

Fortaleciendo los Cimientos de Tú Organización, Construyendo las Relaciones

• Estos 3 Principios son los más *dinámicos en tu Negocio*; ya que te permitirán *ponerte en contacto directos con tus prospectos y nuevos socios*, a la vez que te permitirá *fortalecer las relaciones* con cada uno de los miembros de tu organización, permitiéndote *comprender sus necesidades* y actuar en función a ello.

5.- PLANIFIQUE UN SEGUIMIENTO

- ✓ Después de cada Reunión en Casa
- ✓ Después de cada Presentación 1ª1
- ✓ Reunión, Actividad o Evento

6.- MANTÉNGASE EN CONTACTO

- ✓ Consulte con sus Clientes, Distribuidores y desarrolladores
- ✓ Verifique el progreso de sus Líderes y Desarrolladores

7.- MUEVA A SUS PROSPECTOS

- ✓ Reuniones Principal o Multiplanes
- ✓ Eventos, Convenciones o Rallys

5.- HACER UN SEGUIMIENTO EFECTIVO.

El objetivo fundamental del seguimiento es *fortalecer las relaciones* entre los líderes y los nuevos socios, así como también mantener el contacto con las personas interesadas en desarrollar el negocio, distribuir o consumir los productos.

El seguimiento debe efectuarse dentro de las próximas *24 o 48 horas*; más tardar. Ya que a partir de ahí en adelante el entusiasmo de los futuros desarrolladores desciende y las probabilidades de que entre al negocio o consuman los productos disminuyen.

Las reuniones de seguimiento deben quedar *coordinadas con fecha y hora al finalizar la presentación* del negocio. En ese momento es importante entregarle, al prospecto; las herramientas de seguimiento. Entre las herramientas sugeridas por el portal NETWORKERS del Siglo XXI ® Son el video de *Oportunidad de Negocio*, el tríptico de presentación, los folletos y los catálogos de productos, si hubiere consumidores o distribuidores, audios del *Sistema Integral de Formación Empresarial*. Esto le servirá a su futuro desarrollador para complementar la información que recibió en la Presentación de Oportunidad.

En el seguimiento es importante aclarar las dudas e inquietudes; si el prospecto las tuviera, en este caso sería recomendable volver a invitarlo a ver la Presentación de Oportunidad, de ser necesario y preguntar si está listo para empezar el negocio. Si está listo, llénele su contrato de afiliación a través de las oficinas virtuales y *agende una planificación empresarial en las próximas 12 a 24 horas*. Importante: Si en el momento de entregarle el material para coordinar una próxima reunión de seguimiento, la persona no está dispuesta a reunirse contigo, mejor no le prestes el material; es muy probable que nunca lo recuperes, ya que simplemente no quiere desarrollar el negocio.

"Creo firmemente que dentro del interior de cada uno de nosotros existe una semilla de grandeza y reside una vasta reserva de potencialidades y competencias ilimitadas que habitualmente permanecen adormecidas; esperando ser descubiertas y desarrolladas, para florecer hacia nuestro mundo exterior. Cuando cada uno de nosotros despierte ese potencial individual, redescubramos cual es nuestra misión y el propósito que le da sentido a nuestra vida, abriremos el camino a un nuevo despertar consciente a lo que yo llamo REINVENCIÓN y REINGENIERÍA PERSONAL"

-. COACH TRANSFORMACIONAL YLICH TARAZONA -.

6.- MANTÉNGASE EN CONTACTO

Manténgase en Contacto

- ✓ Consulte con sus Líderes y Upline
- ✓ Verifique el progreso de sus Desarrolladores

MANTÉNGASE EN CONTACTO CON SUS LÍDERES Y DESARROLLADORES

El consultar periódicamente nuestro progreso en el negocio con nuestros líderes y evaluar los avances de nuestros clientes, distribuidores y desarrolladores, es de gran importancia en el crecimiento de nuestra organización. Ya que esto nos permite establecer donde se encuentra nuestro negocio y así desarrollar estrategias, ajustes y acciones que permitan poner en marcha nuestra empresa que es la RED (La Organización y la Estructura)

Consultar regularmente con nuestra línea de auspicio y mantenernos en contacto permanente con los miembros de nuestras organizaciones, Edificar a los diferentes líderes del Equipo en las distintas organizaciones y crear un sentido de pertenencia hacia la Oportunidad de Negocio Multinivel que fomenta un espíritu de hermandad, compañerismo y unión entre todos

Verificar el avance de sus desarrolladores

La mayoría de las personas nunca verifica el estado de su negocio. Saber dónde se encuentra hoy y dónde quiere llegar mañana, le permite avaluar su progreso. Por esta razón; es fundamental revisar continuamente donde estamos, el crecimiento que estamos teniendo como organización. Revisar lo que funciona y lo que no le funciona a sus clientes, distribuidores, líderes y desarrolladores es de vital importancia para llegar a las metas establecidas y lograr los resultados dentro de nuestro negocio en esta creciente industria.

> Revisar las creencias limitantes o potenciadoras de su equipo; también es fundamental, ya que esto le permite estar al tanto de los acontecimientos que ocurren en su negocio. De esta forma; sabrás su situación, y podrá hacer los cambios que se requieran cuando estos sean necesarios, para fortalecer sus organizaciones.

Lo más apropiado para mantener a tu organización en movimiento constante y maximizar su productividad dentro del Negocio; es que *te mantengas en contacto permanente* con ellos y te reúnas con tu equipo regularmente como mínimo una vez al mes, para revisar su progreso. Así podrás detectar las insuficiencias que pudiera haber y aplicar en la siguiente semana los correctivos que sean necesarios.

Factores para Fortalecer la Relación.

- Vivir los principios y valores que fomenta la NETWORKERS del Siglo XXI ®.
- Edificar regularmente a los líderes de las distintas organizaciones.
- Tener sentido de pertenencia hacia la empresa que representamos.
- Valorar a todos los miembros del equipo de nuestra organización.
- Tratarlos como miembros de una familia.
- Respetarlos a pesar de las diferencias.
- Amarlos incondicionalmente.

"Crear un negocio fuerte y construir un mundo mejor; no son metas contradictorias, ambas son ingredientes indispensables para el éxito a largo plazo". - *WILLIAM CLAY FORD Jr., Ford Motor Company*

NO ES LO QUE HACEMOS; SINO LA MANERA EN COMO LO HACEMOS... LO QUE MARCA UNA GRAN DIFERENCIA "La calidad de la vida de una persona está en la proporción directa de su compromiso con la excelencia, independientemente de su campo escogido de esfuerzo"
-. VINCE LOMBARDI. –

7. - MUEVA A SUS PROSPECTOS

Mueva a sus Prospectos

- Reuniones en Casa, Principales o Multiplanes
- Eventos, Noches de Éxito, Cena de Gala, Alumbra o Rallys

MUEVA A SUS PROSPECTOS A LA ACTIVIDAD DEL SISTEMA.

Las *reuniones principales o multiplanes*, son eventos donde se reúnen frecuentemente los distintos líderes de las organizaciones con sus equipos, son actividades que fomentan las distintas organizaciones y la NETWORKERS del Siglo XXI® como parte de sus actividades de prospección, entrenamiento, capacitación y hermanamiento. Estas tienen como objetivo *Transferir la VISIÓN* y *la grandeza de la oportunidad* de la Industria del NETWORK MARKETING o Redes de Mercadeo y provocar un impacto emocional que transcienda en los nuevos distribuidores, líderes, desarrolladores y Empresarios, permitiéndoles comprender la naturaleza del negocio y transferirla a todos los miembros del equipo.

Puntos para considerar:

- Nuestro propósito debe estar enfocado en *MOVER* regularmente a los nuevos desarrolladores y líderes a las *reuniones principales*, ya que esto les permitirá fortalecer su compromiso con su Negocio

- Ten una agenda actualizada de todas las actividades programadas por la **NETWORKERS del Siglo XXI ®** La Compañía y el Equipo; para compartir con todos los miembros de tus organizaciones. Ya que estos eventos les permitirán a los nuevos distribuidores disfrutar de experiencias vivenciales junto con otros líderes y desarrolladores comprometidos que ya tienen resultados en la zona, permitiendo fortalecer las relaciones entre ellos y crear un espíritu de unidad entre todas las organizaciones.

Mover a la gente a los Eventos, Noches de Éxito, Cenas de Gala, Alumbra, convenciones y Rallys:

Estas actividades del *sistema integral de formación empresarial* programadas por la **NETWORKERS del Siglo XXI ®** La Compañía y el Equipo; son reuniones colectivas para todas las organizaciones.

Los temas sugeridos, las fechas y los lugares son informados a los líderes, desarrolladores y Empresarios de Mayor Rango, para que ellos a su vez las transmitan a todas sus organizaciones.

Estás actividades están diseñadas para fortalecer el crecimiento, expansión y consolidación de las redes a nivel nacional e internacional.

Las actividades del Sistema Integral de Formación Empresarial tienen como objetivo:

Juntar a los líderes y desarrolladores para que puedan ver el crecimiento, expansión y consolidación del negocio mucho más allá de sus propias organizaciones regionales y nacionales.

Capacitar, MODELAR y DUPLICAR a los Desarrolladores de Negocios y Empresarios Comprometidos el sistema integral de formación empresarial.

Puntos para considerar:

Organice los eventos con tiempo para que el movimiento de gente sea efectivo Busque el lugar y confirme los oradores con anticipación, tenga preparado la logística con antelación como: la iluminación, el sonido y los visuales.

EL PODER DE LA INTENCIÓN
«Para que surja lo posible es preciso intentar una y otra vez lo imposible.»
. -HERMANN HESSE. -

"El mayor premio que la vida puede ofrecer es brindarnos la oportunidad de trabajar duro para llevar a cabo algo que vale la pena realizar"
-. THEODORE ROOSEVELT. -

Paso IV – ESTRUCTURA ORGANIZACIONAL

Creando una Red de Comercialización Solidad, Estable y Productiva, Desarrollando Líderes con Mentalidad Empresarial

• Estos últimos 3 Principios te permitirán de manera profesional ir creando tú *Plataforma Financiera* a largo plazo; por medio del crecimiento exponencial de tu *Red de Comercialización*, que te brinda la Oportunidad de las Redes de Mercadeo Multinivel.

Al mismo tiempo que te permite *Fortalecer tu Organización de Líderes y Desarrolladores del Negocio con base en la EDIFICACIÓN y la DUPLICACIÓN, permitiéndote trascender en el tiempo, transferir un legado, dejar una huella en tu Organización y marcando una diferencia* en todos los miembros de tu Equipo.

Desarrollando Líderes con Mentalidad Empresarial

8.- Planifique Mensualmente

- ✓ Líderes y Desarrolladores

9.- Conéctese 100%

- ✓ A su Línea de Patrocinio
- ✓ Al Sistema de Formación y al Equipo

10.- Duplíquese:

- ✓ Enseñe a sus Líderes Comprometidos los Ciclo Maestro de la Multiplicación y la Duplicación

EL VERDADERO POTENCIAL DEL SER HUMANO ESTA EN LA ACTITUD DE COMO ENFRENTA LAS COSAS *"La capacidad consiste en lo que usted es capaz de hacer. La motivación determina lo que usted hace. Pero la actitud positiva determina que tan bien lo hace y los resultados que conquista"*
- *LOU HOLTZ*. -

8.- PLANIFIQUE MENSUALMENTE

✓ Planifique Mensualmente
✓ Líderes y Desarrolladores

La planificación empresarial debe dura 2 horas y conviene programarse inmediatamente, al momento en que se asocie el nuevo desarrollador. La planificación empresarial normalmente tiene lugar en la casa del desarrollador. Ya que esto permite al nuevo integrante del equipo, sentir mayor confianza al momento de preparar su plan de acción. Después de que el nuevo Empresario pasa por esta sesión de dos horas su relación con el líder o patrocinador se fortalecerá; y él o ella, tendrán un sentido pertenencia más firme; de la dirección que debe tomar, en el inicio de su negocio multinivel.

Las herramientas necesarias para realizar esta actividad se encuentran en su *Manual de Instrucciones* y el Cuaderno de Planificación diseñado por el portal **NETWORKERS del Siglo XXI ®**.

El objetivo de esta planificación empresarial; es preparar al desarrollador a descubrir sus sueños, definir sus metas, y concretar sus objetivos. Como también; determinar sus compromisos, y crear un plan de acción bien definido que le permita comenzar su negocio con éxito y evitar la causa más común de deserción; la cual es no saber qué hacer.

Es aquí donde el líder le enseñará los principios básicos que el nuevo socio necesita para saber desarrollar su red de comercialización, y así convertirse en un profesional en la industria. Es importante explicarle al futuro desarrollador que las redes de mercadeo es una profesión y que el portal NETWORKERS del Siglo XXI ® tiene un *sistema integral de formación empresarial*, que lo preparara para crear una organización solida estable y productiva junto al respaldo del Equipo y su línea de auspicio. 9.- CONÉCTESE 100% AL SISTEMA DE FORMACIÓN Y AL EQUIPO DE APOYO

✓ Conéctese 100% al Sistema de Formación y al Equipo de Apoyo
✓ Conéctese 100% Al Equipo y al Sistema
✓ Conéctese 100% a su Línea de Patrocinio
✓ Conéctese 100% a los principios y valores promovidos por el portal NETWORKERS del Siglo XXI ®

Conecte a los líderes y nuevos desarrolladores al *Sistema de Formación* y al *Equipo de Apoyo*. Planifique mensualmente a sus nuevos líderes y desarrolladores comprometidos.

a) Entrégueles el *Manual de Instrucciones* de la NETWORKERS del Siglo XXI®.

b) Edifique el *Sistema Integral de Formación Empresarial* y explíqueles cómo a través de la comprensión de estas herramientas y la aplicación de estos principios universales; le van a permitir adquirir los conocimientos necesarios que necesitan para la construcción de una red sólida, estable y productiva que se mantengan el tiempo y le permitan de esta forma lograr alcanzar a conquistar cada uno de sus más anhelados sus sueños.

c) Establezca la importancia de asistir a todas las actividades del sistema y entrenamientos programadas por la Compañía, el Equipo y el portal NETWORKERS del Siglo XXI®

d) Modele con el ejemplo la importancia de utilizar todas las *Herramientas del Sistema de Formación* desarrolladas por la Compañía, el Equipo y el portal NETWORKERS del Siglo XXI ® Tales como: (Manual de Instrucciones, Cuaderno de Planificación, material impreso, herramientas audiovisuales, Videos DVDs, Audios CDs y el Sistema Interactivo Blog, Skype, Facebook, Twitter, YouTube, Google +) entre otros que les permitirán estar al día con su negocio.

e) Edifíquele a su *UPLINE o Línea de Auspicio* y preséntales a todos los líderes *DOWNLINE* y *CROSSLINE* de otras organizaciones, para crear un ambiente de confianza y seguridad. De esta manera sus nuevos Líderes, Desarrolladores y Empresarios se percatarán que además de ti como su patrocinador; también hay todo un *Equipo de Apoyo* que lo va a ayudar y lo guiarán a que sus sueños se hagan realidad.

f) Establézcales compromisos sólidos para asegurar las bases de éxito dentro de la COMPAÑÍA. Comprométalos a llevar a cabo una planificación empresarial mensualmente; con el propósito de realizar un plan de acción bien definido que les permita poner en marcha su Negocio y compartir la Visión del Efecto Multiplicador la Industria de Redes de Mercadeo Multinivel.

g) Fortalezca las buenas relaciones y la hermandad a través de los principios y valores que fomenta NETWORKERS del Siglo XXI ® y enséñeles a respetar y valor a cada miembro del equipo por lo que son y nunca por lo que se puede obtener de ellos, recuerde que cada integrante es un pilar fundamental en la consolidación de toda la organización.

De un sentido de seguridad y credibilidad a cada miembro del equipo a través de la <u>EDIFICACIÓN</u> sincera.

Ayúdales a desarrollar la confianza y el sentido de pertenencia mediante la integridad y la honestidad.

Levántale la moral a toda tu organización, motíveles y elógieles en cada logro realizado, por más pequeño que sea.

Trate a todos los Miembros del Equipo por igual, demuéstrele un interés genuino como miembros de una gran familia.

Enfóquese en sus sentimientos y comprenda sus necesidades y este presto para servirle y ayudarles siempre.

SOLOS LOS VISIONARIOS LOGRARAN CONQUISTAR SUS MÁS ANHELADAS SUEÑOS. *"Muéstrame un obrero con grandes sueños y en él encontrarás un hombre que puede cambiar la historia. Muéstrame un hombre sin sueños y en él hallarás a un simple obrero."*
 - . JAMES CASH PENNY

"Una de las más hermosas compensaciones de la vida consiste en que nadie puede intentar sinceramente servir y ayudar a otro, sin que primero deba servirse y ayudarse a sí mismo. Por qué en la misma medida con que comencemos a DAR a los demás, en esa misma medida seremos igualmente retribuidos"
 -. RALPH WALDO EMERSON.

-10.- DUPLÍQUESE "FORME LÍDERES COMPROMETIDOS"

- ✓ Duplíquese "Forme Líderes Comprometidos":
- ✓ Enseñe a sus Líderes Comprometidos
- ✓ El Ciclo Maestro de la Duplicación y la Multiplicación

Los 10 Principios Maestro de la Duplicación y la Multiplicación

Los diez pasos que componen *El Ciclo Maestro de la Duplicación y la Multiplicación* son cíclicos y constantes.

APRENDER, EJECUTAR, ENSEÑAR y *Modelar* los 10 principios del plan de acción diseñado por el portal NETWORKERS del Siglo XXI® a cada miembro de su organización es Vital y de suma importancia, ya que es la forma más poderosa y efectiva para lograr resultados, mediante la acción constante y el trabajo en equipo, sirviendo de ejemplo y modelo para los demás. Como dice el Dr. Herminio Nevares en la Guía del Éxito

Cito la Referencia... *De esta forma ellos: Entenderán ¿Por qué hacerlo? Aprenderán ¿Cómo hacerlo? Y aún más importante: "Lo harán" Fin* la cita

Los 10 Principios Maestro de la Duplicación y la Multiplicación han sido diseñados de manera sistemática para que cada Empresario y desarrollador del Negocio; puedan ir pasando por un "PATRÓN DE ACCIÓN" a través de unos principios básicos y sencillos.

Todo el CICLO se ha creado de forma *Simple* y *Duplicable,* para que toda persona pueda *entenderlo y aplicarlo en sus organizaciones.* Esto es a lo que llamamos SISTEMA DE FORMACIÓN EMPRESARIAL. Por tal razón; es muy importante, comprender lo mejor posible cómo funciona el SISTEMA, *asegúrense de aplicar y enseñar cada pasó, sin prejuzgar ni obviar ninguno de ellos.*

Estos *Ciclos* cuentan con *planes de acciones bien concretos* u definidos; que tendrán que ir desarrollándose, para pasar al siguiente nivel. CADA CICLO DE ESTE MANUAL DE INSTRUCCIONES; ASÍ COMO SU SECUENCIA, ES ESENCIAL PARA LOGRAR LOS OBJETIVOS DESEADOS. *Cada principio; está íntimamente relacionado con él siguiente,* de forma muy sinérgica.

Todos los pasos juntos, constituyen un todo integrado y sinérgico del *Sistema Integral de Formación Empresarial*; Es decir; el ejecutar uno o varios de los ejercicios, de manera ocasional o desordenadamente no va a producir los resultados deseados en las organizaciones. Al menos qué; *efectúen TODOS los ciclos que conforman este manual de instrucción en la secuencia indicada,* te garantizara lograr finalmente alcanzar el éxito esperado *en los miembros de su equipo.*

Por este motivo; invitamos a todos los miembros del equipo conformados por los líderes del portal **NETWORKERS del Siglo XXI®** para que puedan iniciar su Negocio con los principios correcto desde el primer día. Lean activamente su Manual de Instrucciones, empiecen a trabajar y tomar acción, poner en práctica los principios aprendidos, ejecutando los sistemas de forma continua y permanente, DUPLICANDO este *Ciclo Maestro de la Duplicación y la Multiplicación* para que todos los líderes, Desarrolladores y Empresarios comprometidos, los puedas poner en práctica, junto con todo su equipo y organizaciones respectivas.

Por tal razón, te propongo, que *dedique de 6 a 12 meses* continuos al estudio y aplicación de los principios contenidos en este manual de instrucción; con una convicción total. Y ejecuten *TODOS LOS CICLOS* que te sugerimos del *Patrón de Acción* consistentemente con una actitud mental positiva y te prometemos, que podrás lograr todos y cada uno de tus más anhelados, Sueños, Metas y Objetivos, a través de esta maravillosa Oportunidad que te ofrece la Industria de Redes de Mercadeo Multinivel.

NETWORK MARKETING o REDES DE MERCADEO
La Gran Oportunidad de Negocio del Siglo XXI

SEGUNDA PARTE

Conceptos y Nociones Avanzadas Sobre la Industria del NETWORK MARKETING

Llevando tu Negocio al Siguiente Nivel

Todo comienza con CREER ¿**CREER EN QUIÉN**? Creer en ti, en tú potencial divino como Hijos e Hijas de DIOS. Creer que hay algo o alguien superior más grande que rige y dirige nuestros caminos para bien.

Creer que podemos llegar a ser aquello por lo que hemos venido a este mundo, creer en nuestras competencias, potencialidades, virtudes, destrezas dones y talentos con los que hemos sido dotado por la fuente divina.

EL PODER DE LA CREENCIA es lo que nos motiva a actuar en rumbo a nuestro destino. La creencia es la que nos inspira a encontrar nuestro propósito y el sentido en la vida. En fin y al cabo, la creencia es la razón de existir, creyendo en que hay algo mejor reservado para nosotros.
-. **YLICH TARAZONA.** –

NETWORK MARKETING o REDES DE MERCADEO
La Gran Oportunidad de Negocio del Siglo XXI

CAPÍTULO I: EMPRENDEDORES DEL NETWORK MARKETING MULTINIVEL

La Nueva Generación de Empresarios del Siglo XXI

Como todos sabemos; estamos atravesando una época de cambios generales a nivel mundial, y especialmente a nivel económico. Hace ya algunos años atrás pasamos un período que se le conocía como la era industrial, y a medida que el tiempo transcurre pasamos de un periodo a otro de forma rápida y acelerada trayendo consigo nuevos cambios de paradigmas.

Hemos escuchado hablar de la era del conocimiento, la era de la información, la era de la globalización, en fin, hoy en día en la nueva era, la era de la tecnología, trajo consigo nuevos modelos económicos productivos, que están tomando mucho auge. Muchos nuevos modelos de negocio se están dando a conocer en estos últimos tiempos, entre ellos los negocios del MLM (Multi-Level-Marketing) o Redes de Mercadeo.

Por tal razón; hoy en día debemos estar actualizados, para mantenernos al ritmo vertiginoso de estas nuevas tendencias económicas de negocios y conocer claramente en qué consiste convertirse en un **EMPRENDEDOR DEL NETWORK MARKETING MULTINIVEL**, **La Nueva Generación de Networkers del Siglo XXI** y miembro de la prestigiosa organización internacional **NETWORKERS DEL SIGLO XXI ®**.

Es por eso; que hoy en día, vemos muchas personas que van en búsqueda de su felicidad, la prosperidad, el éxito y su libertad financiera. *¿Pero qué opciones tenemos?* Tener un empleo adicional, ser auto empleado o trabajar por cuenta propia, montar o invertir en un negocio. Muchos buscan ser dueños de sus empresas, otros dueños de su tiempo, y muchos otros creadores de sus propios ingresos. Y el vehículo que muchas personas están optando hoy en día, es entrar a la industria del **MERCADEO EN RED**.

Este cambio de pensamiento; es una tendencia que estamos viviendo la gran mayoría, hoy en día. Pero no quiere decir que los empleos tradicionales no funcionan o que las carreras universitarias y los títulos no sirven; ya que hay profesionales como abogados, ingenieros, médicos, arquitectos, contadores, expertos en bienes y raíces, conferenciantes, políticos, personajes públicos famosos, deportistas, artistas, actores, actrices, entre otros, que ganan muy buenos ingresos. Pero lo que la gran mayoría de esas personas; no tienen, es tiempo. Y el ser parte de los empresarios del multinivel podría ser la solución.

Robert Kiyosaky un experto financiero, inversionista multimillonario, emprendedor, educador, conferenciante y autor **Best Seller** de la serie <u>Padre Rico Padre Pobre</u>; en su libro **El Cuadrante del flujo del Dinero**, explica: que el paso del cuadrante izquierdo, al cuadrante derecho *(como lo cataloga el propio Robert en su libro)*, es decir el pasar de ser un empleado o auto empleado a convertirse en un empresario exitoso o inversionista, es una decisión cada vez más frecuente.

Hoy día especialmente en Latinoamérica; por los cambios económicos que estamos viviendo, muchas personas están optando por desarrollar profesionalmente negocios de multinivel en ventas directas siendo el mercadeo en red una de las opciones más rentable en la economía global.

Por lo que hemos aprendido hasta ahora; del ya referido libro el flujo del cuadrante del dinero, lo que está haciendo la gente del cuadrante izquierdo *(empleados y auto empleado)*, es cambiar su tiempo por dinero, y como el tiempo es limitado, el dinero también lo es. Y a través de este nuevo concepto, que es el ser parte de los **EMPRENDEDORES DEL NETWORK MARKETING MULTINIVEL, La Nueva Generación De Networkers Del Siglo XXI**, es tener la oportunidad de pasar de un cuadrante a otro.

Es decir; pasarnos del cuadrante izquierdo al cuadrante derecho, en la cual se encuentran los *(empresarios o dueños de su propio negocio y los inversionistas)* que son los generadores de sus propios ingresos, creadores de su libertad financiera, propietarios de sus propios negocios o empresas y dueños de su propio tiempo.

Hoy que vivimos en esta nueva era del conocimiento, la información, la globalización y la tecnología, Robert Kiyosaky nos dice que el concepto del empleo está desapareciendo y junto con él; la seguridad económica, el famoso seguro social, la pensión o jubilación.

Por tal razón; mucha gente está adoptando ser auto empleado que es otra opción, pero también muy limitante ya que requiere del 100% de nuestro esfuerzo personal y el 100% de nuestro tiempo. Según el ya mencionado Robert afirma que: hay un pequeño porcentaje de gente que está teniendo excelentes resultados como empleado o auto empleado, pero tan solo es el 1% al 5%. Mientras que el resto de la población está buscando mejorar su situación, explorando nuevas alternativas y optando por un **PLAN B**.

El ser parte de los **EMPRENDEDORES DEL NETWORK MARKETING**, conocidos hoy día como **NETWORKERS DEL SIGLO XXI**, es el paso más viable, para pasar del cuadrante izquierdo al cuadrante derecho. El formar parte de la industria del mercadeo en red, a través del concepto de multinivel; es la opción más viable, para adquirir las habilidades necesarias para ser un empresario exitoso, en esta década de tiempos tan cambiantes reafirma Robert Kiyosaky.

Pero que dicen los especialistas de estos cambios económicos y que impresiones tienen los expertos de estas nuevas tendencias económicas de negocios.

El mismo **Robert Kiyosaky** en una entrevista comento que: *Los negocios de redes de mercadeo son el negocio perfecto.*

Charles W King doctorado en administración de empresas en Harvard y profesos de marketing en la universidad de Illinois junto a **James W Robinson** autor Best Seller de "*Imperio de Libertad*" y consultor sénior de la cámara de comercio de estados unidos en su libro en conjunto "**Los Nuevos Profesionales**" comentaron que: *Usted obtiene ingresos inmediatos y un importante ingreso residual a largo plazo. Por tal razón lo consideran el modelo de empresa más poderoso y atractivo en la nueva economía.*

Paul Zane Pilzer autor Best Seller de él "**Próximo Trillón**", experto financiero y economista, asesor de varios presidentes de estados unidos comentó que: *Las redes de mercadeo se están posicionando para ser la próxima gran economía.*

Donald J Trump prestigioso empresario en bienes y raíces, gigante de los medios de comunicación, estrella y coproductor del famoso programa "El Aprendiz", político, actual candidato del Partido Republicano a la Presidencia de los Estados Unidos para las elecciones presidenciales de 2016. Escritor, autor de siete Best Seller entre ellos "**Queremos Que Seas Rico**" junto al ya mencionado *Robert Kiyosaky* comento que: *Si yo tuviera que hacerlo todo de nuevo, en lugar de construir un negocio al estilo tradicional, yo iniciaría a construir un negocio de mercadeo en red.*

Si ya tenemos las estadísticas y las opiniones de los expertos, que ratifican que este tipo de concepto de negocio es la mejor opinión. Entonces tomemos la decisión de emprender nuestro camino rumbo a la LIBERTAD FINANCIERA, utilizando como vehículo las múltiples opciones que nos brinda la Industria del **Network Marketing** a través de las **Redes de Mercadeo Multinivel**.

CAPÍTULO II: EL NETWORK MARKETING MULTINIVEL ES UN PROCESO CONTINUO DE FORMACIÓN Y APRENDIZAJE

Networkers del Siglo XXI. Un camino de Formación Permanente

En el portal **NETWORKERS DEL SIGLO XXI** ® estamos comprometidos en enseñar a las personas a ser verdaderos profesionales dentro de la **Industria de Redes de Mercadeo.** Nuestro objetivo es llevar a los nuevos emprendedores las herramientas más actualizadas en el campo y definir los principios esenciales que se necesitan para desarrollar el negocio del **Network Marketing Multinivel.**

En este II capítulo analizare un tema que me parece necesario compartir con ustedes, como parte introductoria del tema del libro en sí. Y tiene que ver con los procesos y las fases que atravesamos al inicio, cuando ingresamos a una compañía de mercadeo en red.

Estas son las 2 fases iniciales por los que pasamos todos los emprendedores al comienzo de nuestro negocio multinivel.

1.- EL DESCONOCIMIENTO DE LA INDUSTRIA:

Cuando arrancamos por primera vez en la industria del network marketing multinivel, al principio no entendemos completamente la **visión** y la **naturaleza del negocio**, dentro de las redes de mercado. Tampoco entendemos del todo cómo funciona la industria, y lo importante que es conectarse al **equipo de apoyo** y **el sistema educativo** para adquirir los conocimientos y el respaldo para consolidar nuestras organizaciones.

Otro de los primeros desafíos que también pasamos al inicio; es desconocer las distintas empresas en el mercado global, sus productos y servicios y los diferentes tipos de planes de compensación que existen en la industria y que nos ofrecen las diversas compañías que utilizan el concepto de negocio en redes de mercadeo multinivel.

Por esta razón; la primera fase es la más difícil, puede durar de unos 6 a 12 meses, y en algunas personas puede durar este proceso de formación y aprendizaje un poco más de tiempo.

En el famoso libro *(SU PRIMER AÑO EN EL NETWORK MARKETING de Mark Yarnell y Rene Reid Yarnell)*. Comentan que: Es en esta **PRIMERA FASE**; donde desertan "abandonan y se retiran" la mayor cantidad de personas de la industria de marketing multinivel, porque en la gran mayoría no están dispuestos a pagar el precio del éxito, ni tienen una serie de hábitos establecidos para lograr pasar esta primera fase inicial.

2.- PERIODO DE FRUSTRACIÓN:

Al principio no comprendemos la **visión y naturaleza del negocio** y el concepto del network marketing. Pero cuando capturamos la **VISIÓN**, y comprendemos **LA NATURALEZA DEL NEGOCIO** nos llenamos de una pasión, de un entusiasmo y optimismo de hacer un cambio en nuestras vidas, nuestro espíritu se llena de esperanza; comenzamos a soñar nuevamente, porque vemos en la industria de mercadeo en red, un vehículo o un puente para alcanzar nuestras metas y sentimos la necesidad de compartir el mensaje de disfrutar de un mejor estilo y calidad de vida con las personas que conocemos y hacerles saber que podemos gozar de libertad financiera a través de lo que podemos lograr dentro de la industria del multinivel.

En esta **SEGUNDA FASE**; para nosotros, comienza un periodo de frustración. Cuando nos damos cuenta de que las personas a quienes les estamos enseñando y transmitiendo el mensaje; no ven, lo que nosotros vemos, ni sienten lo que nosotros sentimos por esta industria, y lo que es peor no ven la visión y no entienden ni comprenden la naturaleza del negocio.

Ya que ellos al igual que nosotros al principio; están pasando por la **Primera Fase** *desconocimiento de la industria*. Trayendo como consecuencia que muchos de nuestros afiliados o nuevos socios abandonan el proyecto, ante de tiempo. Sin ni siquiera haber pasado por el proceso de formación y aprendizaje inicial de la primera fase y hecho algo a conciencia, para pasar a esta **SEGUNDA FASE** *fundamental que es comprender la naturaleza del negocio y capturar la visión del concepto*.

CAPÍTULO III: PRINCIPIOS PARA CONVERTIRTE EN UN PROFESIONAL DE LA INDUSTRIA DEL NETWORK MARKETING MULTINIVEL

Principios Básicos que debe Comprender un Desarrollador de Redes de Mercadeo

Para complementar la idea del II capítulo, en la cual nos referimos a las 2 primeras fases iniciales; es importante hacer destacar que, para vencer esos 2 obstáculos, debemos prepararnos y estar dispuestos a aprender esta nueva profesión llamada NETWORKER.

Ser un **Empresario en Redes de Mercadeo Multinivel**, es como comenzar a estudiar algo nuevo; que te exige aprender, nuevas cualidades. Entrar en la industria del network marketing, es cómo sacar una carrera universitaria; en la que necesitas graduarte, para ejercer una nueva profesión. Por lo que necesitas primeramente capacitarte, formarte y adquirir los conocimientos para llevar a cabo el negocio de manera profesional.

Lo que quiero decir; es que, ser un networker profesional depende total y absolutamente de ti. Es una responsabilidad que tú decides asumir, es como cuando determinas tomar clases de música, aprender a tocar un nuevo instrumento o desarrollar las destrezas en un arte marcial; por ejemplo, **LO PRIMERO** que se necesita es: *una actitud básica de aprendizaje* y *una mentalidad optimista y positiva*, **LO SEGUNDO** es *el deseo de aprender lo que sea necesario para mejorar tu desempeño* y **LO TERCERO** *es practicar, practicar, practicar* y *tomar acción hasta lograr desarrollar las nuevas habilidades*. (Y estas; características, son las que diferencia a un verdadero NETWORKER de un distribuidor de productos).

Para tener verdaderos resultados consolidados y permanentes en el tiempo en la industria del MLM (multi-level-marketing), necesitas tener una predisposición por aprender constantemente y profesionalizarte en las distintas materias, que se requieren para ser un verdadero networker y empresario exitoso en mercadeo en red, y todo eso depende de solo de ti.

Tú tienes que estar consciente que la industria del network marketing, es algo nuevo para ti, algo que tú no conoces, ni dominas bien todavía, por lo que tienes que ser adiestrable y enseñable para poder asimilar todos estos conocimientos y ponerlos en práctica en tu organización.

Siendo un networker profesional trabajas por tu propia cuenta, por lo que otra característica que necesitas cambiar es la *mentalidad de empleado*; a una

MENTALIDAD EMPRESARIAL con una **ACTITUD DE LIDERAZGO** e influencia personal centrada en principios y comenzar a formar tu carácter, como un verdadero empresario exitoso en la industria y adquirir nuevos hábitos de autodisciplina, que te permitan hacer las cosas, que tienes que hacer, cuando tengas que hacerlas, quieras hacerlas o no.

Otra recomendación que debes tener en mente es recordar que; como empresario independiente, ya no dependes de un jefe, ni horarios de trabajo, por lo que debes planificar tu propio plan de acción diario, semanal, mensual y trimestral. De esta manera podrás evaluar tu progreso, ajustar las estrategias en las diferentes áreas de tu negocio multinivel y mantener la productividad de tu organización, tu estructura, que es la red de mercadeo, tu red de comercialización.

Como todo networker profesional en la industria de redes de mercadeo, cuentas con un **SISTEMA EDUCATIVO DE FORMACIÓN EMPRESARIAL**, que son parte fundamental de tu crecimiento, ya que te brinda las herramientas para capacitarte.

También cuantas, con todo un **EQUIPO DE APOYO**, que es tu patrocinador, tu línea de auspicio y toda la organización de líderes en tu línea ascendente que te respaldara en la construcción de tu negocio.

Por tal motivo tienes que desarrollar el hábito de ***conectarte 100% al sistema educativo de formación empresarial y al equipo de apoyo; y enseñar a tu organización hacer lo mismo***, para que puedan activar **100%** el **SISTEMA EDUCATIVO de formación empresarial** y el **EQUIPO DE APOYO**; centrado en las bases de la consolidación de las relaciones, la edificación, el trabajo en equipo, el compañerismo, el apalancamiento y vivir los valores esenciales para promover la **DUPLICACIÓN** y la **MULTIPLICACIÓN**, ya que son las fundamentos; que nos permitirán generar regalías, por concepto de ganancias residuales de forma permanente y continua..

Aquí te dejo el link del mi Libro **Kindle - eBook's de Amazon** por si aún no lo has adquirido es el PRIMERO (1ro) de ésta Serie de 3 "Los CICLOS MAESTROS de la DUPLICACIÓN y la MULTIPLICACIÓN en el NETWORK MARKETING, *Principios Universales Para Desarrollar Exitosamente Tú Negocio Multinivel de forma Profesional"* https://www.amazon.com/dp/B01IZTHD0M

NETWORK MARKETING o REDES DE MERCADEO
La Gran Oportunidad de Negocio del Siglo XXI

CAPÍTULO IV: DESARROLLO DEL LIDERAZGO

Liderazgo Centrado en Principios

Cuando empezamos en la industria de network marketing, se nos pide que hagamos una "lista de nombre de una 100 a 200 personas" donde mayormente comenzamos con nuestros familiares, amigos y conocidos. Personas que tienen una relación directa, de una u otra manara con nosotros. Otro grupo de individuos; que se van agregando a la lista posteriormente, son los referidos, aquellos sujetos recomendados directamente por el primer grupo y así sucesivamente.

Dentro de la industria del network marketing, existen 2 tipos de influencia dentro del liderazgo en el multinivel. Una es **LA INFLUENCIA POSITIVA** y la otra es una *influencia negativa*. Voy a explicarte a que me refiero.

Pregúntate ahora mismo con sinceridad ¿Qué tipo de influencia en tu liderazgo crees que tienes tu entres tus círculos de amistades, conocidos y para con los miembros de tu familia? ¿Qué tipo de influencia crees que transmites tú a las personas que te rodean?

La **Influencia Positiva** y el **LIDERAZGO EN MULTINIVEL** con **MENTALIDAD EMPRESARIAL**; es de suma importancia, para poder tener resultados reales en esta industria. Sin estas 3 características esenciales, es imposible lograr tener organizaciones sólidas, estables y productivas a largo plazo; que nos permitan gozar del estilo y la calidad de vida, que nos proveen las grandes empresas dentro de la industria de mercadeo red.

Como ya hemos aprendido; en los capítulos anteriores. El convertirnos en networkers profesional, requiere convertirnos en personas de influencia y desarrollar un liderazgo centrado en principios, con una MENTALIDAD DE EXCELENCIA EMPRESARIAL.

Y la primera etapa de esa influencia es el ser un **MODELO**, para tu organización y todo el equipo a través del ejemplo.

En las empresas de multinivel tanto la **MULTIPLICACIÓN** como la **DUPLICACIÓN**; son esencial. Ya que son las que nos permitirá generar ingresos residuales, de forma permanente y continua. Por tal razón; tenemos que convertirnos en líderes de influencia con una mentalidad empresarial y desarrollar un liderazgo centrado en principios.

¿Cuál es el motivo te preguntaras? ¿Porque el liderazgo es tan fundamental en este tipo de negocios? La respuesta es:

Porqué nos convertimos en originales, es decir **MODELOS** y ejemplos a seguir para nuestras organizaciones; de donde saldrán las copias o duplicados de ese modelaje, para producir lo que llamamos en esta industria el **EFECTO DE DUPLICACIÓN y Multiplicación en el network marketing.**

Pero si al contrario el original esta defectuoso, es decir; si el modelo a seguir no es ni duplicable, ni profesional. Entonces la influencia en las personas a las que enseñamos por consiguiente tampoco tendrá los resultados que esperamos; ya que lo que nuestras organizaciones, vean en su líder. Es lo que van a duplicar y transferir a sus equipos y organizaciones, sean esto **Hábitos Positivos** o *Negativos*.

Recuerda que el líder marca la pauta y el camino a seguir de sus equipos y organizaciones; bien sea para influir positivamente o no.

Una recomendación fundamental; para poder formarnos como empresarios exitosos dentro de esta industria del network marketing multinivel, es desarrollar un buen liderazgo centrado en principios, con una mentalidad empresarial. Una de las recomendaciones a seguir; es primeramente enfocarnos en nuestra visión, tomar conciencia de quienes somos, en donde estamos, para donde vamos, porque estamos en esta industria y con qué habilidades y destrezas contamos. Para que de esta manera; podamos trabajar íntegramente, con nosotros mismos. En este tipo de conceptos de negocios; tenemos que trabajar primeramente en nuestro ser interior y crecimiento personal. Ya que estas cualidades; están directamente proporcional, al crecimiento de nuestros equipos y organizaciones.

CAPÍTULO V: LIDERAZGO CON PROPÓSITO, REINVENCIÓN PERSONAL

Creando Una Mejor y Mejor Versión de Ti Mismo

Encontrando el sentido a tú vida.

El desarrollarnos como empresarios exitosos y líderes dentro de la industria del multinivel es de suma importancia; y mucho más, cuando estamos construyendo nuestro negocio de mercadeo en red.

Nuestra labor como networkers profesionales; es encontrar un propósito y un sentido de pertenencia en nuestra profesión como **Emprendedores De La Nueva Generación De Empresarios Del Siglo XXI**, que nos permita construir una estructura sólida, crear una organización estable y una red productiva de personas con un mismo fin: "lograr la libertad financiera".

Un verdadero líder y empresario comprometido con la visión, primeramente, debe enfocarse en crear la red de comercialización. Es decir; enfocarse en la construcción de una estructura solida y desarrollar organizaciones productivas, sostenibles en el tiempo, a través de las bases de la **DUPLICACIÓN** y la **MULTIPLICACIÓN** en el network marketing ya que son las fundamentos; que nos permitirán generar regalías, por concepto de ganancias residuales de forma permanente y continua, **conectada 100%** al **SISTEMA EDUCATIVO de formación empresarial** y al **EQUIPO DE APOYO**; centrado en las bases de la consolidación de las relaciones, la edificación, el trabajo en equipo, el compañerismo, el apalancamiento y vivir los valores esenciales que rigen el portal **NETWORKERS DEL SIGLO XXI ®**.

Uno de los deberes de un verdadero empresario multinivel y miembro del extraordinario equipo de **NETWORKERS DEL SIGLO XXI ®** es preocuparse sinceramente por los demás, crear empatía, raptor, valorar y apreciar a todos y cada uno de los miembros de su equipo y de las distintas organizaciones de **downline** y **crossline**. Porque éstos; complementaran, las debilidades unos de otros, aportando a todo el equipo sus propias habilidades y fortalezas.

Esto es; a lo que llamamos, **APALANCAMIENTO**.

Es de suma importancia; poder tomar en cuenta, que muchas personas entran a la industria del network marketing multinivel para sentirse parte de un equipo con identidad, como lo es el portal NETWORKERS DEL SIGLO XXI ®, tener aprobación y reconocimientos por sus aportaciones, transcender y dejar un legado en la vida de cientos y miles de personas, más que por el dinero mismo.

Por lo que un verdadero empresario multinivel y líder exitoso parte del extraordinario **portal NETWORKERS DEL SIGLO XXI ®**, es reconocer los pequeños o grandes logros de cada uno de los miembros de todo su equipo y esto se verá reflejado como resultado positivo, en todas las organizaciones.

El convertirte en líder de tu equipo conlleva muchas responsabilidades. Como es la de apoyar siempre; a cada uno, de los miembros de tu organización, enseñarles con el ejemplo, a través del modelaje en el campo, crea un ambiente de confianza permanente y que ellos sepan que sus derrotas y sus triunfos, también son los tuyos.

Como hemos aprendido hasta ahora; y nos hemos referido en el apartado anterior del apéndice titulado: **Principios Para Convertirte Un Profesional En La Industria Del Network Marketing Multinivel**. Hicimos referencia; que, para sobrellevar los procesos de aprendizaje y convertirnos en un verdadero líder con propósito, deberíamos estar dispuesto a reinventarnos constantemente a nosotros mismos, encontrar sentido a la vida y pagar un precio, que por lo general; no siempre es económico, sino de formación.

Cada uno de nosotros; tiene que estar dispuesto, a pasar por ese proceso de aprendizaje continuo. Porque cada gran líder; que se ha forjado en esta industria de marketing multinivel, es una historia con hazañas y aventuras, con desaciertos y errores, con triunfos y éxitos, con altas y bajas. Pero cada una de esas historias; es un proceso, que te puede ayudar a mantenerte firme en el tiempo, en la construcción de tu negocio.

CAPÍTULO VI: COMO AUSPICIAR CORRECTAMENTE PARA PRODUCIR UN ALTO % DE RETENCIÓN EN EL NETWORK MARKETING

Principios Correctos para Auspiciar de Manera Efectiva

Conocer sobre este tema es primordial para todos los empresarios que quieran desarrollar profesionalmente el network marketing efectivamente, ya que de esto depende el crecimiento de organizaciones sólidas, estables y productivas, manteniendo un alto % de retención en multinivel.

Si aprendemos cómo auspiciar correctamente a las personas que atraemos a nuestro negocio, le enseñamos a **conectarse 100% al equipo y al sistema de formación** y lo guiamos en las primeras etapas de su negocio, vamos a tener un mejor % de retención en nuestras organizaciones; y, por ende, generar un mayor ingreso por concepto de regalías y ganancias residuales.

Antes de continuar con la idea principal; voy a compartir con ustedes algunas otras nociones que considero importante que ustedes conozcan, para que tengan un concepto más claro de lo que se debe realizar, para auspiciar correctamente y producir un mejor % de retención en nuestra empresa de multinivel, y lo que se debería evitar hacer.

Hoy en día existe en la industria de redes de mercadeo un "grupo de nuevos distribuidores inexpertos" que hablan mucho de que éste; es un negocio de reclutar personas, y que mientras más personas reclutes es mucho mejor. Esta ideal es incorrecta, ya que este fenómeno produce que la gente empiece a desconfiar del MLM (multi-level-marketing), por la mala imagen que está recibiendo hoy en día, donde la gente ingresa y se ve completamente sola, sin un sistema educativo correcto y un equipo de apoyo, que lo respalde al inicio de su negocio y les enseñe **Los Ciclos Maestros De La Duplicación Y La Multiplicación En El Network Marketing** y con eso; el problema es, que se reduce la retención en las distintas organizaciones de las empresas de multinivel.

Una de las malas estrategias que también se utiliza hoy en día; que jamás produce resultados reales, y mucho menos retención en la industria, es enseñar el cheque. Muchos nuevos distribuidores creen que el primer cheque grande que tienen "convence" a la gente. Y la realidad es que; esto no es del todo cierto, ya que no se puede ganar miles de dólares de la noche a la mañana.

Sino que se debe pasar por un proceso de formación correcto; por un tiempo considerable a través de un excelente respaldo del equipo de apoyo y un sistema educativo que nos enseñe a auspiciar correctamente y nos permita construir la red de comercialización y consolidar las organizaciones de los desarrolladores y los empresarios comprometidos que hacen el trabajo de forma profesional, en las bases de las relaciones, la duplicación y la multiplicación.

Otras estrategias mal utilizadas comúnmente dentro de la industria de mercadeo en red; que tampoco producen un verdadero auspicio o retención en multinivel, si se aplican incorrectamente, es hablar de forma exagerada, por la emoción de los resultados de otras personas, o enfocarse demasiado en los resultados de los empresarios y líderes con mayores resultados dentro de las distintas compañías o tratar de convencer hablando de las diferentes posiciones que existen en los distintos planes de compensación, por ejemplo: sénior, máster, diamante, doble o triple diamante, oro, rubí, esmeralda, platino, titanio, 4 o 5 estrellas, presidente, gerente, supervisor, embajador, etc.

Ya que tales personajes o posiciones que la gente recién está conociendo, no lo entienden del todo al principio ni tienen mucho significado para ellos. Porque no comprende la naturaleza del negocio; ni ven al comienzo la visión que queremos transmitirles, ya que para ello todo esto es un concepto nuevo y por más que nos afanemos al explicárselo ellos al principio no lo entenderán.

Hoy en día; otra de las cosas que se ven mucho en la industria de multinivel y que deberíamos evitar nosotros hacer también, son los rangos hechos por volúmenes y ventas exageradas de forma lineal para llegar a las posiciones, reclutando a la gente para que compre el paquete más grande de la compañía, solamente por la ganancia que genera su primera compra. Sin tomarnos el tiempo de enseñarles las nociones básicas del negocio, ni conectarlos al equipo de apoyo, ni al sistema educativo de la empresa, y esta mala estrategia también afecta mucho, la duplicación y la retención del nuevo distribuidor.

Por estas razones; entender correctamente que esta industria, para que produzca un alto % de retención en las distintas empresas de multinivel, y produzcan verdaderos ingresos residuales, como estrategia de auspicio, nunca nos deberíamos orientar solamente en hablar de dinero, vender la imagen de una empresa o plan de compensación y peor aún enfocarse en un producto. Ya como compartí con ustedes; en mi LIBRO **Kindle - eBook's de Amazon** "Los CICLOS MAESTROS de la DUPLICACIÓN y la MULTIPLICACIÓN en el NETWORK MARKETING", en el apartado titulado **EL LÍDER que hay en Ti**; que se ha comprobado a través del tiempo, que los líderes más exitosos y los empresarios más destacados que tienen los mayores resultados dentro de la industria, han sido, los que se han basado en el trabajo de equipo, la formación de sus organizaciones a través de un sistema educativo y en los valores esenciales de la duplicación y la multiplicación, más que en los otros factores mismos, y estos principio son lo que enseñamos en el portal NETWORKERS DEL SIGLO XXI ®.

Como hemos podido aprender hasta ahora qué; las redes de mercado son un concepto de negocio centrado en las relaciones, y funciona mucho mejor cuando existe una asesoría personalizada (Coaching o Mentoría) por parte del patrocinador hacia sus nuevos socios.

Cuando existe un auspicio centrado en la mentoría, coaching o training empresarial, permite al nuevo afiliado sentirse parte de un equipo y un sistema de formación que le guiará y le enseñará en los comienzos de su negocio. Esto; les permitirá, sentir la confianza que necesitan y como resultado producirá un más alto % de retención.

En resumen, como ya lo réferi en los párrafos anteriores, lo que producirá un alto % de retención y generar verdaderos ingresos por conceptos de regalías y ganancias residuales en nuestro negocio, es **AUSPICIAR CORRECTAMENTE** a los nuevos socios **en la base de las relaciones sólidas, la mentoría y la enseñanza fundamentada en la VISIÓN y la NATURALEZA DEL NEGOCIO que les permita comprender que existe un concepto de negocio rentable; llamado red de mercadeo multinivel**.

Una oportunidad real a través de la cual se puede lograr la independencia financiera y hacer los sueños realidad a través de *conectarse 100 % a un equipo de apoyo y un sistema educativo de formación* que les permita capturar la visión y comprender la naturaleza del negocio y crear una organización solida estable y productiva centrada en la **DUPLICACIÓN** y **MULTIPLICACIÓN** por medio de una serie de estrategias que vayan dirigidos hacia los **3 Pilares Del Network Marketing**, que son los **CONSUMIDORES**, los **DISTRIBUIDORES** y los **NETWORKERS PROFESIONALES.**

Estrategias diferentes para cada caso, es decir una forma profesional de trabajar para cada uno de los **3 PILARES** que formen parte del mismo sistema educativo y cuenten con el respaldo de todo el equipo.

NOTA: De estos **3 Pilares Del Network Marketing**, que son los **CONSUMIDORES**, los **DISTRIBUIDORES** y los **NETWORKERS PROFESIONALES** hablare más detalladamente en capítulos subsiguientes.

CAPÍTULO VII: ¿POR QUÉ ES IMPORTANTE TENER UN PROPÓSITO CLARO Y UN SUEÑO BIEN DEFINIDO PARA DESARROLLAR NUESTRO NEGOCIO MULTINIVEL?

Descubriendo nuestra Misión y Visión dentro de la Industria del Mercadeo En Red para Escoger Correctamente la Compañía con la cual trabajar y Desarrollar Nuestro Negocio de forma Profesional.

Como aprendiste en el primer capítulo, del LIBRO **Kindle - eBook's de Amazon** "Los CICLOS MAESTROS de la DUPLICACIÓN y la MULTIPLICACIÓN en el NETWORK MARKETING" titulado el **CICLO MENTAL DEL ÉXITO**. Hablo de la importancia que es tener o definir claramente nuestros sueños y metas. Y aprendimos que "el sueño es la fuente de energía; aquello que nos motiva y nos impulsa a ir más allá de nuestras limitaciones, el deseo ardiente, por lograr conquistar aquello que tanto anhelamos. Es algo tan poderoso y grande que cuando forma parte de nosotros mismos nos inspira a tomar acción en nuestro negocio de multinivel, y nos permite seguir adelante cuando nuestra mente, personas o circunstancias nos dice no podemos más. Es; al fin y al cabo, la razón por la cual emprendemos nuestro negocio multinivel".

Y es por esta razón; que la gran mayoría de las compañías de multinivel y sistemas educativos que existen en la industria, hablan de la importancia de definir claramente los sueños. Ya que este es el primer pasó y para muchos nuevos empresarios el más importante.

Durante el análisis, a las diferentes empresas y compañías de multinivel y sistemas educativos que estudie y analice previamente antes de escribir mi LIBRO **Kindle - eBook's de Amazon "Los CICLOS MAESTROS de la DUPLICACIÓN y la MULTIPLICACIÓN en el NETWORK MARKETING -** *Principios Universales Para Desarrollar Exitosamente TÚ NEGOCIO MULTINIVEL DE FORMA PROFESIONAL".* Encontré que este paso; de definir un sueño en el multinivel, es uno de los más importantes. Así como tener una visión; clara que te permita seguir adelante, pese a las adversidades y estar dispuesto a disfrutar el precio a pagar; en el proceso de aprendizaje y formación, mientras se construye la red y se consolida la organización.

Nada en esta industria de multinivel es realmente sencillo. Ya que se requiere; de un proceso continuo de formación, necesario para construir una estructura u organización sólida, estable y productiva. Y el definir un sueño en el multinivel, te podrá mantener vivo en esta oportunidad que te brinda las Redes de Mercadeo.

Tener un propósito definido de lo que deseamos lograr alcanzar, gracias a esta industria del network marketing y definir un sueño claro de lo que queremos llegar a ser, hacer y tener. Se convertirá en esa fuerza motivadora que nos impulsa a dar los primeros pasos en nuestro negocio.

Para definir ese propósito; y tener claro nuestros sueños, deberíamos hacernos las siguientes preguntas:

¿Por qué quieres hacer multinivel con?

¿Qué deseas alcanzar a lograr en esta industria?

¿Cuáles son los verdaderos valores que te motivan a desarrollar este negocio?

¿Cómo te proyectas en los próximos 2, 3 y 5 años en tu negocio de redes de mercadeo?

¿Qué legado te gustaría dejar, como parte de ser miembro de los emprendedores del network marketing, la nueva generación de empresarios del siglo XXI?

¿Qué significa para ti, ser un empresario en marketing multinivel?

¿Qué tan comprometido estas por conquistar tus sueños, alcanzar tus metas y lograr tus objetivos?

¿Por qué es esta empresa que escogí para comenzar a desarrollar mi negocio como NETWORKER, la apropiada para desarrollar mi negocio de manera profesional?

La industria de redes de mercadeo indiscutiblemente hoy en día; puedo asegurarte, que es, una de las mega tendencias económicas de mayor crecimiento e impacto global, expansión y consolidación mundial en el siglo XXI. Y es una de las profesiones o carreras profesionales mejor pagadas en los últimos años.

Pero para lograr los resultados; hay que hacer una buena selección entre todas las empresas de multinivel que existen en el mercado, y escoger aquella compañía con la que te sientas más identificado, según ciertos puntos y criterios que consideraremos a continuación según las opiniones de los expertos.

En el próximo capítulo voy a compartir contigo, cuatro (4) recomendaciones importantes, para que puedas considerar elegir una empresa de NETWORK MARKETING adecuado para ti que te permita lograr tus objetivos, conquistar tus sueños y consolidar tus metas... y estas 4 recomendaciones son:

- ✓ La Compañía y su Administración
- ✓ Los Producto y su Biotecnología
- ✓ El Plan de Compensación
- ✓ El Sistema Educativo y El Equipo

CAPÍTULO VIII: CUATRO (4) RECOMENDACIONES IMPORTANTES, A LA HORA DE ELEGIR UNA EMPRESA DE NETWORK MARKETING

Como hacer una buena selección entre todas las empresas de multinivel que existen en el mercado

En éste VIII capítulo voy a enseñarte las cuatro (4) sugerencias más importantes para tener en cuenta, para elegir correctamente una empresa de NETWORK MARKETING que se adapte a tus necesidades, talentos y aspiraciones; y estas son las 4 claves para estudiar:

- ✓ La Compañía y su Administración
- ✓ Los Producto y su Biotecnología
- ✓ El Plan de Compensación
- ✓ El Sistema Educativo y El Equipo

1.- LA COMPAÑÍA Y SU ADMINISTRACIÓN

¿Quiénes son los dueños de la compañía? ¿Qué experiencia en multinivel tienen los corporativos de la empresa? ¿Cuántos años tiene operando la compañía en la industria? ¿En cuántos países se encuentra abierta, y con cuantas oficinas cuentan en cada uno de esos países? ¿En qué momentum o etapa se encuentra la compañía en tu país y en tu continente? ¿Está la compañía entre las primeras 100 de mayor crecimiento, expansión y consolidación en el mercado en los últimos años? ¿Qué solides económica tiene la compañía y con qué respaldo financiero cuentan los corporativos de la empresa? ¿Con que estructura física cuanta a nivel mundial? ¿Tiene oficinas a nivel internacional que respaldan el trabajo de los distribuidores y empresarios en cada país que se encuentra? ¿Esta su filosofía de trabajo, centrada en el apoyo, respaldo y crecimiento de los nuevos distribuidores y los empresarios comprometidos que desarrollan el negocio a tiempo completo?

Estas son preguntas importantes para tener en cuenta, al momento de seleccionar; a que empresa unirte, para comenzar a desarrollar tu negocio de forma profesional dentro de la industria. Las recomendaciones de los diferentes expertos en la materia; es que la empresa que elijas, tanto los dueños, fundadores y los corporativos tenga una amplia experiencia en el concepto del network marketing, que conozca la industria, tengan experiencia y haya trabajo en el campo por muchos años, y sobre todo tenga una gran solide económica y un crecimiento exponencial sostenido a través del tiempo.

2- LOS PRODUCTO Y SU BIOTECNOLOGÍA

Estos deben contar con una gran variedad de líneas especializadas en distintas áreas; de la más alta biotecnología de avanzada, y contar con estudios e investigaciones científicas, con respaldo médico y métodos únicos de extracción, exclusivos, con patente de excelencia y productos de vanguardia que se encuentre en armonía con la tendencia de la salud y bienestar.

Los productos deben ser re consumibles, de consumo masivo, con gran demanda en el mercado, pero solo accesibles a los consumidores por medio único y exclusivo a través de los distribuidores y empresarios independientes de la compañía, para garantizar una larga vida productiva que puedas asegurar el futuro del negocio de los asociados.

Es importante que los productos también tengan un respaldo científico y estudios comprobados. Y los científicos e investigadores deben ser reconocidos de talla mundial y haber ganado premios por sus investigaciones y aportaciones en el campo de la salud y el bienestar.

La compañía debe contar con sus propias estructuras físicas, científicos, investigadores, laboratorios, plantas de producción entre otros, para asegurar un excelente control de calidad.

Todos estos aspectos son significativos al momento de evaluar un producto. Pero lo más elemental; **ES QUE EL PRODUCTO DE LA COMPAÑÍA QUE ESCOJAS SEA IMPORTANTE Y RELEVANTE PARA TI**, que puedas consumirlo regularmente, y te conviertas en producto del producto.

Recuerda; que lo más importante, no es tener solamente el mejor producto del mundo, sino que el producto sea el mejor y más adecuado para ti, que tú te sientas completamente identificado con él y que sea de tu más completo agrado.

3- EL PLAN DE COMPENSACIÓN

Este punto es de suma y vital importancia, y para ello tienes que haber determinado; el por qué escogiste hacer redes de mercadeo, cuáles son los principios y los valores que te impulsa a desarrollar un negocio de network marketing y sobre todo saber a dónde quieres llegar con esta oportunidad, para saber qué tipo de plan de pago o plan de compensación; va más de acuerdo con tus necesidades, tus talentos y habilidades sociales, comerciales y empresariales.

Al escoger una empresa de multinivel es sumamente importante analizar a fondo; qué tipo de plan de pagos tiene la compañía y examinar que plan de compensación utiliza: **PLAN MATRIZ** o *Matriarcal*, **PLAN ESCALONADO** *por*

Ruptura, **PLANES HÍBRIDOS** con *Compresión Dinámica*, **PLAN UNINIVEL** o *Unilevel Híbrido*, **PLAN BINARIO** o *Plan Binario Híbrido...*

Qué fomenta el plan de pagos: la **VENTA**, el **RECLUTAMIENTO, LA FORMACIÓN DE EQUIPOS** o promueve **EL TRABAJO SINÉRGICO EN LAS 3 ÁREAS** de manera equilibrada.

Como distribuyen sus bonificaciones; pagan más al principio, en los niveles medios o en los rangos más altos. Hay compañías que pagan mucho dinero al principio, cortando la profundidad. Otras que no pagan bien el principio ni al medio, sino solamente en altos rangos, y solo una pequeña minoría de compañías tienen un plan de pago justo y equilibrado que promueve al pequeño empresario (**cliente**), medianos empresarios (**distribuidores**) y a los grandes empresarios (**networkers profesionales**) así que debes escoger sabiamente.

NOTA IMPORTANTE: *(De los Planes de Pagos y Planes de Compensación, explicare detalladamente más adelante).*

En este tipo de industria, tú eliges el ritmo y la velocidad con que quieres correr en tu negocio. Y tú eliges el tipo de plan de compensación que vas a desarrollar; en base a tus gustos y preferencias, habilidades y que se adapte bien a tu organización, a tu equipo de trabajo y al sistema educativo.

4- EL SISTEMA EDUCATIVO Y EL EQUIPO.

Muchas compañías tienen las primeras tres cualidades, haciendo el mercado competitivo, al momento de seleccionar una empresa de multinivel. Pero la gran mayoría de ellas; carecen de la herramienta o el principio de éxito más importante y fundamental de todos en esta industria; que es: "**EL SISTEMA EDUCATIVO DE CAPACITACIÓN Y FORMACIÓN EMPRESARIAL Y EL EQUIPO DE APOYO**".

Sin un sistema educativo de formación empresarial adecuada y un equipo de apoyo, que te respalde, al principio de tu carrara, como profesional en redes de mercadeo multinivel o emprendedor en el network marketing, sería imposible alcanzar las metas y objetivos que se pueden lograr en estas grandes corporaciones y compañías, entre ellas:

Convertirte en líder dentro de la industria y crear una gran estructura solidad y desarrollar una organización estable y productiva que se mantenga en el tiempo y te permita disfrutar a largo plazo de los ingresos residuales por concepto de regalías, que nos permita disfrutar de libertad financiera y un estilo y calidad de vida, donde podamos disfrutar del tiempo, el dinero y la salud, que es finalmente; el propósito, por el cual, entramos en este tipo de concepto de negocio.

Es importante al momento de evaluar "*El Sistema Educativo de Capacitación y Formación Empresarial y El Equipo de Apoyo*"; preguntarnos ¿Hay un plan de trabajo bien definido en tu equipo? ¿Está el sistema educativo centrado en la capacitación, formación y adiestramiento del equipo? ¿Existe un equipo con identidad en tu compañía? ¿Está el sistema educativo edificado en las bases de la duplicación y la multiplicación de tu negocio? ¿Cuál es la misión y visión de propósito del equipo? ¿Se centra el sistema y tu equipo en la base de los principios y los valores? ¿Está el sistema y tu equipo comprometido en el crecimiento personal y profesional de toda la organización? ¿Está el sistema y tu equipo comprometido con la excelencia empresarial, con una mentalidad de liderazgo, fundamentada en las bases de las relaciones, el trabajo en equipo y la edificación constante de todos los miembros de la organización? ¿Cuántos países abarcan ese sistema educativo, y está respaldado por todo el equipo de trabajo? ¿Tiene logística online y presencial el sistema educativo y el equipo de apoyo?

En fin, este podría ser uno de los puntos más importantes, al momento de evaluar y al momento de escoger una compañía en la industria mercadeo en red multinivel.

Lo importante es; que, al momento de seleccionar una compañía, a la cual dedicarte como un profesional en la industria del network marketing y convertirte en un empresario en redes de mercadeo; es que te sientas identificado con su sistema educativo y tengas mucha sinergia con el equipo de trabajo, con quien decidiste comenzar tu proceso de formación empresarial.

La clave del éxito en este tipo de negocios; es que a través "*Del Sistema Educativo de Capacitación y Formación Empresarial y El Respaldo del Equipo De Apoyo*"; puedas comenzar a lograr tener los resultados, en base a los 3 pilares fundamentales del marketing multinivel que son: **AUSPICIO**, **RETENCIÓN** y **MOVIMIENTO DE VOLUMEN**, que es finalmente lo que te permitirá, crear una estructura organizacional sólida y construir una organización estable y productiva que se mantenga en el tiempo.

CAPÍTULO IX: PLANES DE COMPENSACIONES EN EL NETWORK MARKETING

Los Diferentes *Planes de Pagos* y **Planes *de Compensación*** que existen en la Industria de las Redes de Mercadeo Multinivel.

Ahora vamos a analizar los distintos planes de compensación que existen en las diferentes empresas de network marketing. Ya que conocer las diversidades existentes de planes de pago es importante a la hora de elegir el mejor plan de bonificaciones dentro de la industria de redes de mercadeo ya que esto es fundamental para el éxito en este tipo de negocios multinivel.

PLANES DE COMPENSACIÓN QUE EXISTEN HOY EN DÍA:

- ✓ Plan 2-UP *Australiano*
- ✓ Plan Matriz o Matriarcal
- ✓ Plan Escalonado por Ruptura
- ✓ Plan Uninivel o Unilevel Híbrido
- ✓ Plan Binario o Plan Binario Híbrido

Estos son los 5 planes de compensación más conocidos y con mayor popularidad que existe hoy en día en la industria del NETWORK MARKETING o Redes de Mercadeo Multinivel con pequeñas variaciones entre ellos por supuesto.

EL PLAN DE COMPENSACIÓN 2 UP AUSTRALIANO

El Plan de Compensación "**2 UP Australiano**" surgió en la década de los años 80 aproximadamente. Aunque se creó en Estados Unidos, se utilizó principalmente en Australia.

Hoy en día; son muy pocas las compañías de multinivel, que la utilizan. No más del **2 %**; son las empresas que emplean este tipo de plan obsoleto, debido principalmente a los problemas que representa.

Hoy en día; se puede afirmar que es un plan de compensación que no ha conseguido sobrevivir al paso de los años, y prácticamente ha desaparecido y se encuentra en especie de extinción.

Los expertos más reconocidos de la Industria de Mercadeo en Red Multinivel a nivel mundial la puntualizan y califican en tan solo sobre el 1 % de efectividad en comparación al 10 % en la escala de los PLANES DE COMPENSACIÓN MÁS RENTABLES Y CONOCIDOS.

Es por esta razón; que es la menos indicada para desarrollar, y la más rechazada por la gran mayoría de los expertos en la industria. Por eso debes EVITARLA a toda costa.

Este tipo de plan de compensación debes ¡EVITARLA! CUIDADO – *PELIGRO*... Si estás en tu sano juicio, ni se te ocurra jamás entrar en algún tipo de empresa o compañía que utilice este concepto 2-Up como plan de pago.

Este tipo de plan de compensación ha sido utilizado mayormente por compañías muy variadas poco serias, entre las que destacan las agencias de viaje, los fondos de inversión, las empresas de formación virtual, programas de reducción de impuestos entre otras.

Características del plan de compensación 2 UP australiano

Este plan de pago recibe su nombre por motivo de que siempre los dos primeros patrocinados que tú inscribas personalmente nunca van a pertenecer a tu línea de auspicio directamente. Sino que pasarán automáticamente a ser parte de tu Upline. Es decir, que los primeros dos (2) patrocinados que tú consigas, se los quedaría tu patrocinador directo, y los siguientes que tú trajeras al negocio son los que serían para ti. A saber, a partir del tercer (3er) auspiciado en adelante.

Pero aquí es importante hacer hincapié en un aspecto muy importante que también debes saber. En este tipo de plan de compensación si por ejemplo uno o los dos primeros patrocinados que se han quedado con tu Upline o patrocinador directo, no hicieran su negocio multinivel, tú tendrías que volver a proporcionarles otros uno o dos nuevos patrocinados más. Debido a esta forma irregular de este plan, muchos networkers profesionales tenían la sensación de que estaban trabajando más para su Upline que para ellos mismos.

Al principio de la década de los 80; cuando se comenzó a popularizar el lanzamiento del 2 UP australiano, los nuevos distribuidores que comenzaban en una empresa de multinivel que utilizara este tipo de plan de compensación terminaban frustrados, porque veían que les costaba mucho más inscribir a sus primeros dos o más patrocinados, ya que en ocasiones luego de haber pasado un tiempo muchos de ellos pasaban a hacer parte de su Upline.

Al igual que existen planes de compensación 2 Up Australiano, también hay versiones como la 1 UP y 3 UP, en los que tu Upline se quedaría con tu primer patrocinado o con tus tres primeros patrocinados respectivamente.

PLAN MATRIZ O MATRIARCAL

El Plan de Compensación Matriz o Patriarcal surgió en la década de los años 80 aproximadamente como alternativa al plan escalonado por ruptura.

Es uno de los planes de compensación más simple de visualizar, enseñar, explicar y entender en las presentaciones de negocios.

Una de sus debilidades más implacable para los NETWORKER PROFESIONALES son sus múltiples limitaciones tanta de frontalidad como de profundidad para todos los integrantes de la matriz.

En algunos planes matriciales de las compañías más destacadas se incorporan ciertos bonos rápidos para brindar incentivos de auspicio de nuevos distribuidores y bonos extras por movimiento de volumen en ventas.

Las disposiciones más utilizadas en los últimos 40 a 20 años en la industria de redes mercadeo, podríamos enfatizar como las más comunes las siguientes: Las Matrices **2 X 9**, 2 X 12, 3 X 9, 4 x 7, 5 X 7 y 7 X 2.

Para explicar un poco el plan matriz **2 x 9**... El 1er numero (el dos - **2**) representa cuantos patrocinados directos tienen permitidos en tú frontalidad y el 2do numero (el nueve **9**) representa cuantos niveles de patrocinados directos o indirectos tanto por ti, como por tu organización están permitidos en tú profundidad.

Para seguir con la idea del ejemplo anterior del plan matriz **2 x 9**. Cuando tú auspicias a un 3er o un 4to patrocinado directo, ocurre algo llamado, el efecto desborde. Es decir; ese nuevo distribuidor de tu creciente organización se colocará en alguna de tus generaciones inferiores hasta un máximo de 9no nivel de profundidad. Una vez llegado al tope permitido por el plan de compensación del plan matriz **2 x 9**. A saber **2** frontales directos por **9** niveles de profundidad; tu organización se estanca, y tus ingresos se limitan. Hasta ahí es tu crecimiento en esa empresa ya que cuando una matriz está llena, la nueva actividad de auspicio que se lleva a cabo más allá de los niveles de cobro, en la mayoría de los casos limitan el acceso de los bonos a los NETWORKER PROFESIONALES.

Este tipo de planes de compensaciones **MATRIZ** o **MATRIARCADO** es utilizado generalmente por compañías de multinivel reconocidas tanto antiguas, como una que otras nuevas en el mercado, mayormente enfocadas a las ventas directas de productos, bienes o servicios, así como también existen empresas que también la utilizan como clubes de compras, programas de afiliados por internet que claramente son también programas de venta directas y compañías de comercialización por suscripción, entre otras.

Los expertos más reconocidos de la Industria de Mercadeo en Red Multinivel a nivel mundial la puntualizan y califican en tan solo sobre el 3 % de efectividad en comparación al 10 % en la escala de los PLANES DE COMPENSACIÓN MÁS RENTABLES Y CONOCIDOS.

Este tipo de plan de compensación tiene una gran desventaja, porque genera distribuidores perezosos. Ya que, si ellos tienen la idea de que le caerá inscritos por el efecto desborde ¿Entonces para qué se van a molestarse en inscribir gente nueva?

Este tipo de plan de compensación se diseñó principalmente para novatos, vendedores y distribuidores ya que pagan muy bien al principio, e incentiva con altas comisiones en los primeros niveles. Pero son poco recomendable para líderes y empresarios comprometidos y nada rentables para los **NETWORKERS PROFESIONALES**. Ya que la mayoría de estos planes de compensación paga mensualmente un pequeño % entre los diferentes niveles de arriba, es decir mayormente gratifica entre un 30 y un 40 % en los primeros 3 niveles y paga un escaso 1 al 5% en el resto de la matriz, ocasionando un auspicio mayormente en los primeros niveles y poca actividad en la profundidad.

PLAN ESCALONADO POR RUPTURA

Uno de los planes de compensaciones más antiguos y tradicionales en la industria del mercadeo en red, y por ende una de las más obsoletas también. Utilizada por las primeras compañías de multinivel en los primeros años en este tipo de comercialización, por lo que hoy en día aun es la más común y conocida entre las empresas más renombradas de aquella época creada entre los años 70, 80 y 90.

Enfocada más en el reclutamiento permanente de nuevos distribuidores frontales directos, así como en las ventas directas y los altos movimientos de volúmenes de compras de productos, bienes y servicios tanto personales como grupales.

El Escalonado por Ruptura se caracteriza porque a medida que se vas subiendo por la escalera de los distintos peldaños del plan de compensación, vas obteniendo descuentos al por mayor del producto y unas mayores comisiones por la venta directas tanto personales como por parte de tú organización. Por tal razón obliga a los empresarios comprometidos y los distribuidores hacer un mayor número de compras innecesarias y movimiento exagerados de volumen de productos.

Este plan también es conocido como el plan 'full time' ya que para desarrollarlo eficazmente hay que dedicarle un mayor número de horas y tiempo.

Se requiere ir subiendo constantemente de rango en la escalera del plan de compensación; produciendo fatiga y desgaste. Ya que se hace cada vez más complicado, fatigoso y difícil mantener el rango y activa toda la organización.

A medida que los nuevos distribuidores que patrocinamos directamente van ascendiendo por la escala de rangos del plan de compensación de la compañía van obteniendo mayores comisiones por sus ventas en el volumen de compa de sus respectivas organizaciones, mientras que, a su vez, las comisiones del líder comprometido van disminuyendo hasta en 1 a 5 % del cobro total de bonificaciones.

Este tipo de plan te permite tener anchura ilimitada, es decir un número ilimitados de frontales patrocinados directamente en tu primera línea o nivel, pero te limitan en la profundidad de tu estructura y organización. Limitando así tus comisiones por volúmenes de ventas grupales movidos en tus niveles fuera del rango de pago. Por ende, ha perdido mucha popularidad, ya que no incentiva el trabajo en equipo, el liderazgo, el apalancamiento, la duplicación y la multiplicación ya que a medida que tus distribuidores van ascendiendo a los mayores rangos, te nivelan o te superan aparece un rompimiento en tu organización y en tu estructura, y a esto es lo que se le conoce como **RUPTURA**.

Se denomina **RUPTURA** porque si en algún momento inesperado, algunos de los distribuidores o líderes que pertenecen a tú estructura o red de comercialización van logrando cierto nivel de rango similar al tuyo o te superan en la escalera del plan de compensación se rompen o separan de tu organización inicial y se juntan con sus propios integrantes de su red, formando así sus propias estructuras diferentes a la tuya. Aunque en la mayoría de los casos recibes un porcentaje residual por todo el volumen grupal de esa pata o ramificación, esta solo representa una pequeña comisión.

Aunque los expertos más reconocidos de la Industria de Mercadeo en Red Multinivel a nivel mundial la puntualizan y califican en un 7 % de efectividad en comparación al 10 % en la escala de los PLANES DE COMPENSACIÓN MÁS RENTABLES Y CONOCIDOS. Para llegar a los más altos niveles, se requiere de mucho esfuerzo, dedicación y sobre todo mucho pero mucho tiempo e inversión.

PLAN UNINIVEL O UNILEVEL HIBRIDO

Uno de los planes de compensación más utilizados hoy en día por las nuevas empresas de multinivel, con algunas variaciones entre unas y otras. Pero a la hora de diferenciar su metodología de comercialización por las cuales se destacan; es que te permite tener frontalidad ilimitada, pero con limitaciones en la profundidad. Es decir que paga comisiones interesantes en tu frontalidad y esencialmente en tus primeros 3 niveles, pero luego comienza a disminuir el pago de bonificaciones por un cierto número específico de niveles de profundidad designados por la compañía limitando así tus ingresos potenciales en la profundidad tu organización.

Algunas de las mejores empresas más rentables en la industria, tienen un concepto interesante llamado **COMPRESIÓN DINÁMICA**, que te favorece en tu estructura o red de comercialización. Incentivando el apalancamiento, el trabajo en equipo, el liderazgo, la duplicación y la multiplicación en tus organizaciones. Aunque es importante aclarar que muchas otras empresas que utilizan este mismo plan de compensación **UNINIVEL o UNILEVEL HIBRIDO** no utilizan este concepto de **COMPRESIÓN DINÁMICA** haciéndolas menos competitivas y rentables en el mercado.

Este tipo de plan de compensación mayormente promueve el reclutamiento constante de nuevo distribuidores, lo que las hace muy activa, produciendo agotamiento a largo plazo en los líderes comprometido y NETWORKER PROFESIONALES, porque algunas de estas compañías promueven planes de compensaciones, sin **COMPRESIÓN DINÁMICA** que no permiten fomentar el trabajo en equipo que generen sinergia entre las distintas organizaciones de la red, haciendo que todos los miembros de las organizaciones tanto downline como crossline sean competencia entre sí.

Todos los distribuidores que afilias directamente se les conocen en este tipo de plan de compensación como tu primer nivel o hijos directos, y los que ellos afilian son tu segundo nivel nietos, y así sucesivamente hasta llegar al nivel límite de profundidad asignado por la compañía. En el **uninivel** o **unilevel hibrido** por cada generación, hijo, nieto, bisnieto o peldaño de la escala de rango recibes un % sobre el volumen de producto que mueve ese nivel en particular durante ese mes natural.

Dado que el uninivel no es un plan de compensación tan lucrativo por si solo como otros planes más competitivos, generalmente se utiliza combinado de otros tipos de planes pago, creando así lo que conocemos como el unilevel híbrido.

En la gran mayoría de las empresas más rentables de la industria de redes de mercadeo que utilizan este tipo de plan de compensación, no exigen un volumen de compras mensuales de alto consumo o ventas de productos, lo cual permite una retención en la organización mucho mayor que en los planes escalonado o por ruptura que ya hemos estudiado. Por tal razón, se le conoció en la década de los 90 como el plan de compensación part time, porque gracias a que su metodología de comercialización no era tan agresiva en el venta y movimiento de producto permitía dedicarles medio tiempo a los distribuidores y networker profesionales lo que generaba que se invirtiera tiempo en duplicar el sistema educativo e incentivar el trabajo en equipo.

Una de las desventajas más conocidas de este tipo de plan es que en la mayoría de las compañías que promueven este tipo de plan de compensación exigían que para cambiar de rango y mantener una posición no se pueden descuidar los primeros 3 niveles de tu estructura organizacional.

Otras de las características que lo identifica es que para mantener la jerarquía en un rango determinado tienen que mantener varios líderes comprometidos de tu organización activos, sustentados por un buen número de seguidores a lo que se le suele llamar patas modelos, que en su mayoría de los casos se representaban entre 3 a 6 desarrolladores.

Y para resaltar lo que más destaca en este tipo de plan de compensación es el concepto de compresión dinámica que utilizan ciertas empresas con planes híbridos, lo que permite en las diferentes organizaciones una equilibrada sinergia asiendo el plan **unilevel hibrido** una de las características más revolucionarias de los planes de compensación modernos.

Los expertos más reconocidos de la Industria de Mercadeo en Red Multinivel a nivel mundial puntualizan y califican este tipo de planes de compensaciones híbridos en un 8 % de efectividad en comparación al 10 % en la escala de los PLANES DE COMPENSACIÓN MÁS RENTABLES Y CONOCIDOS. Haciendo este tipo de plan uno de los más rentables.

PLAN BINARIO O PLAN BINARIO HÍBRIDO

Y para finalizar, con el top de los planes de compensación voy a compartirte el que en mi opinión es uno de los mejores planes de pago en el mercado multinivel que existe hasta el momento y son los **PLANES BINARIOS HÍBRIDOS**.

Como te comentaba uno de los planes de compensación más sencillo de entender son los **PLANES BINARIOS HÍBRIDOS**. Ya que te permite auspiciar 2 personas en cada lado al inicio de tu negocio, es decir promueve la creación de 2 equipos de trabajo, patas modelos o líneas, conocidas como izquierda y derecha que deberás ir alimentando con el auspicio de nuevos socios cada día, en las diferentes patas o líneas según la necesidad o estrategia de crecimiento que vayas a desarrollar e implementar en tu organización.

En otras palabras; los **PLANES BINARIOS HÍBRIDOS** permiten a los líderes que patrocinar a 2 nuevos socios, que a su vez patrocinaran a 2 nuevos distribuidores más en cada lado y así sucesivamente, hasta hacer crear una gran estructura organizacional.

Cabe destacar que cuando me refiero al ejemplo de auspiciar 2 personas en cada lado, es como parte del inicio de arranque de tu negocio. A fin de comenzar el proceso de duplicación y multiplicación exponencial. Ya que el mismo modelo conque iniciamos el modelaje es el mismo proceso que utilizásemos para enseñar a nuestros nuevos asociados; que a su vez patrocinaran a 2 nuevos distribuidores más en cada lado y así sucesivamente hasta ir creando una organización sólida, estable y productiva.

Ya que es **IMPORTANTE RECORDAR** para crear grandes estructuras y organizaciones que se mantengan en el tiempo, tenemos que patrocinar y auspiciar constantemente nuevos clientes, distribuidores, desarrolladores y networker profesionales cada día, que nos permitirá tener en constante crecimiento real y exponencial en nuestra red.

Una de las características más notables del **BINARIO** es que te limitan la frontalidad a 2 equipos, líneas o patas modelos, pero los **PLANES BINARIOS HÍBRIDOS** te compensan con profundidad ilimitada, es decir la oportunidad de cobrar comisiones, bonificaciones y regalías residuales por todos los miembros de tu organización en ambas extremos, según las requisitos de clasificación que promuevan las distintas empresas con este tipo de planes que varían unas de otras, pero con ciertas similitudes en la mayoría de los casos.

Esta ventaja permite que muchas empresas que utilizan este tipo de planes de compensación **BINARIOS HÍBRIDOS** crean muy buena sinergia de equipo, ya que promueven la formación de 2 equipos solamente, permitiendo apalancar ambas líneas simultáneamente a través de Los CICLOS MAESTROS de la DUPLICACIÓN y la MULTIPLICACIÓN en el NETWORK MARKETING, que son *Principios Universales Para Desarrollar Exitosamente Tú Negocio Multinivel de forma Profesional*. Permitiendo un excelente trabajo en equipo entre todas las organizaciones, promoviendo el auspicio y patrocinio de nuevos integrantes cada día, que se irán incorporando en tu profundidad en ambas líneas a saber en tu pata izquierda y derecha.

Es importante resaltar nuevamente que los planes de compensaciones **BINARIOS HÍBRIDOS** son uno de los planes de pago más modernos, y los que cuenta con un mayor número de diversas variaciones siendo algunos más rentables y competitivos que otros.

Una de las estrategias recomendadas para desarrollar este tipo de planes **BINARIOS HÍBRIDOS** es alterna la construcción de la red sinérgica y equilibradamente con el auspicio y patrocinio de nuevos integrantes por los 2 lados. Eso permitirá mantener tanto la línea izquierda como la línea derecha en constante crecimiento. Los expertos recomiendan fortalecer una pata modelo a la vez; por ejemplo, la izquierda primero y luego fortalecer la pata derecha, luego viceversa y así sucesivamente para mantener ambas organizaciones produciendo comisiones, bonificaciones e ingresos por conceptos residuales según las exigencias, pautas o normativas de la empresa a la que representes.

ES IMPORTANTE ACOTAR QUE: En la gran mayoría de los distintos tipos de planes de compensaciones más modernos desarrollados en los últimos 20 años se puede tener éxito y ganar mucho dinero, mayormente en los del tipo **HÍBRIDOS;** bien sean **Escalonados, Uninivel o Binarios.** Lo importante es saber que en cualquier plan de compensación que escojas trabajar y dedicar tu tiempo deberás auspiciar y patrocinar personalmente nuevos clientes, distribuidores, desarrolladores y empresarios comprometidos o NETWORKER PROFESIONALES y ejercer tu **LIDERAZGO centrado en principios** con una **MENTALIDAD EMPRESARIAL** para que el auspicio y patrocinio sea efectivo. Y una de las claves para crear una red de mercadeo sólida estable y productiva es enseñar a tus líderes y nuevos socios **conectarse 100%** al **SISTEMA EDUCATIVO de formación empresarial** y al **EQUIPO DE APOYO**; centrado en las bases de la consolidación de las relaciones, la edificación, el trabajo en equipo, el compañerismo, el apalancamiento y vivir los valores esenciales que promuevan la **DUPLICACIÓN y la MULTIPLICACIÓN en el NETWORK MARKETING MULTINIVEL** ya que son las fundamentos; que nos permitirán generar regalías, por concepto de ganancias residuales de forma permanente y continua.

Recapitulando lo aprendido; podemos decir que, hoy día los planes de compensación en la industria del mercadeo en red han evolucionado de tal manera que muchos de los planes de compensaciones **HÍBRIDOS** son los que tienen mayor aceptación, donde se mezcla lo mejor de un plan, con las ventajas de otro. Esta es la última evolución del multinivel y muchas compañías lo están adaptando dentro de sí.

La nueva ola dentro del network marketing; apunta a que los planes de compensaciones **BINARIOS HÍBRIDOS**, sean uno de los más rentables en la industria. Ya que mescla lo mejor de los planes **UNINIVEL o UNILEVEL**, con las ventajas del plan **BINARIO**; esto permite un mejor trabajo en equipo, apalancamiento, desarrollo de liderazgo e incentivando la sinergia en las organizaciones, que permite generar mayores ingresos residuales a través de la formación de estructuras sólidas, estables y productivas.

Tenga la seguridad y la plena certeza que los planes de compensación en multinivel seguirán evolucionando años tras año, y seguirán mejorando con el pasar del tiempo, con el fin de dar mayores beneficios y general resultados sostenibles a los nuevos emprendedores, distribuidores y desarrolladores de negocios de las distintas compañías.

CAPÍTULO X: FASES O ETAPAS DE DESARROLLO Y CRECIMIENTO EMPRESARIAL DE UNA EMPRESA EN "NETWORK MARKETING"

Continuando con el análisis previo, hasta ahora realizado. Hemos hablados en los capítulos anteriores de las **cuatro (4) recomendaciones importantes, a la hora de elegir una empresa de multinivel** – y los distintos - **planes de compensaciones en el network marketing**. Que son fundamentales a la hora de emprender un negocio **MLM** o **redes de mercado**.

> En este X capítulo voy a hablar de "*Las Distintas Fases o Etapas de Desarrollo y Crecimiento*" por los que pasa al inicio toda empresa que incursiona en la industria de "**Network Marketing Multinivel**". *Comprender esta información es de vital importancia. Y todo networker profesional debería conocerla.*
>
> *Podríamos afirmar que necesaria, para poder hacer un diagnóstico objetivo de las probabilidades de continuar un negocio rentable, si es que ya viene desarrollando redes de mercadeo, o para complementar más a fondo la sabia elección documentada de elegir apropiadamente una oportunidad idónea para iniciar un negocio en multinivel.*

Toda persona que se considere un verdadero **NETWORKERS DEL SIGLO XXI** y **EMPRENDEDOR** de esta maravillosa y creciente industria, debería conocer cuáles son estas fases de crecimiento, por la que toda empresa de multinivel atraviesa desde su origen, hasta su completa consolidación y posicionamiento en los mercados internacionales de muchos países a nivel mundial.

El hecho de que un nuevo distribuidor o networker comprenda en qué consiste cada una de estas etapas del proceso de crecimiento. Le permitirá identificar en cuáles de ellas se encuentran las diferentes empresas multinivel que tenga bajo estudio para iniciar el desarrollo de su negocio, o continuar su proyección dentro de la industria. Ya que esto le permite entrar en el momento correcto, en el lugar correcto, y con la estrategia correcta en la fase ideal...

Fases de crecimiento en una empresa MLM

Estas son las 4 "**fase** o **etapa**" por las que pasan toda compañía de multinivel:

1. Fundación
2. Concentración
3. Momentum
4. Estabilidad

Fase Nº 1 – "Fundación, Creación o Formación de la Compañía"

Como su propio nombre lo indica. Esta es la **"etapa donde la empresa es fundada"**, y los socios corporativos hacen la inversión inicial para estructurar las operaciones de dicha empresa.

En esta fase, es donde la empresa comienza la creación de las oficinas principales de la sede central en el país correspondiente en el que va a comenzar las actividades comerciales. También es en esta fase, donde se registran las patentes y las formulaciones correspondientes a los productos que se van a comercializar, el etiquetado y el packages o empaquetamiento. También es en esta fase donde se implementan los servicios, asesorías, programación, sistemas, plataformas, y se materializa el diseño del "plan de pago" o "plan de compensación" por el que se regirá dicha compañía a nivel internacional.

Esta primera fase comprende, desde la etapa de prelanzamiento de la empresa, hasta los primeros 2 años. En algunas ocasiones esta fase inicial puede comprender desde los 06 meses iniciales hasta los 24 meses siguientes de su creación aproximadamente. En estos 2 primeros años, es donde se presume que tal vez, exista un mayor riesgo para un principiante comenzar su carrera en esta industria. *Ya que muchos de los expertos pronostican basados en la experiencia de los resultados obtenidos por las diferentes empresas de multinivel en los últimos 40 años. Que es en esta fase de fundación, donde existe una mayor probabilidad de que muchas de esas nuevas empresas de mercadeo en red fracasen, antes de consolidarse y pasar a la segunda fase).*

Pero es importante tener presenta el lado positivo de la historia, que evidencia que es también en esta primera fase, donde existe la probabilidad de presentarse un mayor potencial de éxito para algunos distribuidores comprometidos y networkers profesionales.

Pues es en esta fase, donde los 2 o 3 primeros distribuidores y networkers visionarios se integran a la compañía con el reto de hacerla crecer, y el desafío de consolidar sus redes de comercialización de productos y la construcción de organizaciones de redes. Al iniciar una expansión nacional, de la visión, y el potencial de la nueva empresa en surgimiento. Lo que permite, que muchas personas se incorporen en la visión del nuevo proyecto, y así obtener posicionamiento pionero en la industria del marketing multinivel.

> Si eres un emprendedor que le gusta asumir retos y desafíos *(esto correspondiendo al hecho de que las inversiones más rentables, son por lo general las que conllevan asociado un mayor riesgo)*. Entonces si es así, y te consideras un visionario todo terreno, esta fase de fundación y crecimiento de la empresa puede ser una excelente oportunidad para ti. En caso contrario, si estas iniciando en esta industria, y aun no posees la suficiente experiencia y recursos es mejor que aguardes a la siguiente fase.

EXPANSIÓN Y POSICIONAMIENTO GLOBAL DE EMPRESAS MULTINIVEL

Fase Nº 2 "Concentración o Posicionamiento"

Posteriormente a la finalización de la primera fase, se inicia el proceso de concentración que se caracteriza por el comienzo del posicionamiento y expansión multinacional de todas las empresas multinivel.

Una vez, que en su país de origen la compañía haya formado ya una organización consolidada, y los primeros líderes fundadores, consumidores, distribuidores y desarrolladores hayan alcanzado algunos resultados *(de salud, económicos, rangos ejecutivos o niveles medios y altos)*, comienzan a aparecer también los primeros networkers profesionales en los diferentes países.

En esta 2 "**Fase de Concentración**" es donde empiezan a crearse con bases sólidas los primeros equipos de distribuidores, desarrolladores y networkers profesionales dentro del negocio, y los riesgos comienzan a hacerse cada vez más pequeños. Esto gracias a que la compañía a través de la experiencia, y la trayectoria que ha adquirido comienza a potencializar varios factores clave que tienen que ver con la distribución del producto, el avance y la evolución de la plataforma de producción junto con la "bio y nano – tecnología" usada en ella. Se implementan nuevos bonos de incentivo y gratificaciones en el plan de compensación. En proporción a las mejoras implementadas anteriormente, también se consolida el equipo y se duplica el sistema educativo, implementándose nuevas y mejores estrategias de trabajo dentro del plan organizativo que va implementando cada equipo con su red y organización que pertenecen a la compañía. *Hoy en día muchas de estas estrategias están enfocadas en realizar el negocio de forma presencial offline y apoyándose en las herramientas virtuales que nos ofrecen las tecnologías informáticas que nos brinda la época actual, permitiendo hacer negocios online.*

En relación con el punto de la producción y distribución del producto. Es bueno aclarar que tal vez la elaboración y entregas de producto aún pueden presentar pequeños inconvenientes y retrasos en esta fase de crecimiento de las empresas multinivel en algunos países. Esto es completamente normal, porque son períodos de apertura de nuevos mercados internacionales, donde se intenta buscar la mejor opción en cuanto al transporte, gestiones internas, logística, tramites y permisología, que en ocasiones suelen presentar desafíos en algunos casos, y este tipo de procesos suele tomar algo de tiempo, según las necesidades y requerimiento de cada país donde va creciendo la compañía. Esta fase de concentración suele producirse en promedio desde los 2 primeros años hasta el 5 año después de la creación de las empresas multinivel.

En otras palabras, podríamos considerar esta fase de concentración como la etapa de mejora constante. Ya que es cuando, una vez puesto en marcha todo el negocio, empiezan a verse los primeros resultados reales a largo plazo, tanto para la empresa como para los distribuidores, desarrolladores y networkers. Es en este proceso cuando se empiezan a ampliar las cotas de mercado, reinversiones de capital, diversificación del producto inicial, mejoras en conceptos de asesorías y administración, toma de decisiones en la gestión empresarial y organizacional, junto a la expansión y consolidación del territorio de negocio, etc. Se trata sobre todo de una etapa importante, por la aparición de los nuevos líderes comprometidos, que, junto a los distribuidores, desarrolladores y networkers comienzan a hacer crecer las organizaciones y redes para su expansión a la siguiente fase, que, en mi opinión profesional, es la fase más esperada por todo networker profesional. Y es la fase explosiva de del momentum.

Fases de crecimiento, expansión, posicionamiento y consolidación de las empresas multinivel, y su oportunidad de negocio a nivel internacional.

Fase Nº 3 "Momentum o Crecimiento Exponencial"

Como comentaba anteriormente, es esta fase de crecimiento que más aguardan, con bastante expectativa la gran mayoría de los emprendedores multinivel de todas las empresas de redes de mercadeo. Porque es en esta fase donde comienzan a aparecer los primeros **EMPRENDEDOR DEL NETWORK MARKETING MULTINIVEL, La Nueva Generación de Networkers del Siglo XXI** y Desarrolladores comprometidos, que consiguen la tan ansiada "libertad financiera", nacen los nuevos millonarios del MLM, y los líderes doble y triple diamantes, 4 y 5 estrellas, platinos, oros, rubíes, titanios, centuriones, gerentes, etc. En fin, es en esta **Fase de Momentum** donde la oportunidad "explota" y se genera la mayor cantidad de patrocinios, las organizaciones crecen constante y exponencialmente y surgen las mayores posiciones o altos rangos de los diferentes planes de compensación.

Patrocinio en fase de momentum de las empresas multinivel

Lo que permite llegar a esta etapa del momentum es "liderazgo" del equipo, que cuenta con distribuidores, desarrolladores y networkers comprometidos con la visión y la naturaleza del negocio. Esto permite que los "equipos", "redes" y organizaciones consolidadas lleven a la compañía a un nivel superior. Como hemos podido apreciar, esta etapa se caracteriza, por la cantidad de líderes consolidados, que llevan a la compañía a continuar con su agresiva expansión global, generando momentum tras momentum de un mercado internacional a otro, facilitando la generación del crecimiento en otros países.

Es la fase donde, después de haber hecho bien las cosas, gestionado bien la empresa y el producto, haber hecho crecer organizaciones sólidas, estables y productivas centrada en las relaciones, el apalancamiento y el trabajo en equipo, sustentada en el liderazgo con mentalidad empresarial, con bases en la duplicación y la multiplicación en el network marketing. Esta es una fase extraordinaria, que gracias a los resultados permite a los asociados contar con una mayor cantidad de nuevos líderes, distribuidores, desarrolladores y networkers. Ya que la mayoría de las personas al notar los resultados comienzan a unirse a la compañía y empezar a formar parte del negocio en las diferentes redes y organizaciones ya fuertemente establecida.

Hay reuniones centrales, OP, multiplanes, eventos y convenciones en muchas ciudades, y el nombre de la compañía, el concepto de negocio y la oportunidad de las redes de mercadeo del empieza a estar en boca de muchos networkers y líderes comprometidos dentro de la industria Network marketing multinivel.

El inicio de esta fase es el momento ideal más idóneo para que los nuevos **EMPRENDEDOR DEL NETWORK MARKETING MULTINIVEL, La Nueva Generación de Networkers del Siglo XXI** puedan comenzar a desarrollar de su negocio con buenas probabilidades de éxito a su favor, y con la oportunidad de generar ingresos ilimitados por conceptos de ganancias residuales, que son la fuente de riqueza, literalmente hablando en esta industria. Y es aquí donde el **portal NETWORKERS DEL SIGLO XXI ®** te respaldara para que puedas lograr las metas y objetivos dentro de esta industria.

Esta fase suele tener lugar a partir del 5 año hasta el año 15 posterior a la fundación de la empresa.

DATOS CURIOSOS: Para poner solo un dato interesante para tener en cuenta, en la fase o etapa de momentum, una empresa llega a mover un volumen de negocio aproximado a las 2/3 partes del volumen total de toda la historia de la compañía, ya sea que esta tenga una historia de 5, 30 o 60 años. Y al pasar esta maravillosa fase del momentum y pasar a la etapa de estabilidad, las compañías entran en reposo y sus ventas, al igual que su oportunidad disminuyen considerablemente.

> Por tal razón, cabe reseñar que nunca es recomendable ingresar en una compañía que ya haya pasado por la fase de momentum, y ya esté en la etapa de estabilidad, porque lo más probable es que ya se haya escapado el tren de la oportunidad que pudiera llevar este negocio a su siguiente nivel, y permitirte de hacer un gran negocio en esta industria.

Ultima Fases del crecimiento, expansión, posicionamiento de las empresas multinivel, donde su oportunidad de negocio a nivel internacional se consolidad para mantiene en el tiempo.

Fase Nº 3 "Estabilidad o Consolidación"

Cuando las compañías de "network marketing multinivel" ha superado las 3 primeras fases *(Fundación, Concentración y Momentum)* y han logrado ese "momentum explosivo" en numerosos países entrará en reposo en la "fase de estabilidad". Esto sucede normalmente a partir del año 15 después de su fundación y se mantiene mayormente a través del tiempo.

Uno de los motivos de este desaceleramiento, se debe a que el volumen del negocio empieza a bajar el ritmo. Es una etapa normal, teniendo en cuenta que, a lo mejor, la cota de mercado nacional e internacional ha llegado a un punto donde es ya difícil seguir ampliándose al mismo ritmo la red de comercialización. Haciendo que el volumen se estanca y la productividad disminuya considerablemente.

> Esta fase de estabilidad ya no es tan atractiva y lucrativa para la mayoría de los "networkers profesionales" y líderes o desarrolladores comprometidos, puesto que el "momentum" es decir el "boom explosivo" ya habrá pasado. Y es durante las etapas anteriores cuando las "compañías de **MLM** *(Multi Level Marketing)* pasan de generan el 66% del total de sus ingresos en toda su historia, y solo mueven un 34 % de ahí en adelante aproximadamente.
>
> Es cierto que esos ingresos del "34%" restante, siguen siendo muy atractivos para la empresa en sí misma, pero jamás y nunca para un networkers profesional, ya que se vería sometido a un trabajo más forzado, en comparación si hiciera ese mismo esfuerzo en una fase anterior, como por ejemplo "concentración" o "momentum" que son las más recomendables.

Voy a compartirte un EJEMPLO para que puedas entender mejor por qué sucede esto... Imaginemos el siguiente punto, es como cuando se produce el estreno de una nueva película en el cine, la gente acudirá masivamente a verla en cartelera solo durante el primer par de semanas como máximo, luego disminuye la afluencia de gente, hasta el momento en que ya la película no atrae nuevos espectadores haciendo necesario el estreno de una nueva película *(Y en algunos pocos casos la película se convierte en clásico, que permite que se mantenga en el tiempo, pero ya generando momentum, sino estabilidad)*... Así mismo, sucede con las empresas de multinivel en sus fases de crecimiento, al pasar su momentum a la etapa de estabilidad, la afluencia de seguidores de seguidores y clientes disminuye... Y si es un clásico, es decir una empresa con historia se mantendrá en el tiempo, pero ya jamás igual que en su momentum.

Esto siempre ha sucedido, y seguirá ocurriendo una y otra vez. Pues el mercado para cada compañía multinivel llegará a un punto cercano a la saturación. Y este periodo iniciará la fase de estabilidad o consolidación, en promedio 15 año después de fundada la compañía.

Esta fase tiene una característica especial, y es que está evidenciado y comprobado a través de los años que muchos de los "networkers" o desarrolladores" que emprendieron su "negocio MLM" en esta etapa, pasados ya la fase del momentum, no han alcanzado grandes posiciones dentro del "plan de compensación", ni mucho menos grandes "riquezas o libertad financiera" ... La mayoría de los líderes que nacen en esta última fase son líderes menores, sin resultados prominentes, solo resultados promedios...

Es importante destaque que; por supuesto aquellos networkers y desarrolladores que han podido y sabido aprovecharse de los buenos años de las primeras fases de concentración y momentum, son los que lograran retirarse tranquilamente y vivir de las redes que hayan creado en las fases anteriores, con la seguridad que en la etapa de estabilidad sus clientes mantendrán el consumo, y sus asociados seguirán haciendo su trabajo. Pero repito, nunca será una buena idea pretender buscar o desarrollar un negocio en una empresa de redes de mercadeo multinivel que ya se encuentre en la fase de estabilidad, porque lo más probable es que hayas llegado tarde y es probable que se te sea más difícil hacer el negocio.

COMO CONCLUSIÓN: La capacidad de identificar en cuál de estas fases se encuentra tu compañía o la que estás analizando para emprender tu negocio, te ayudarán a evaluar mejor, si estás verdaderamente ante una "gran oportunidad" de negocio. En mi opinión. Si entrar en esta fase o no, será decisión tuya... Como todo en la vida. Si eres un emprendedor que asume riesgos y te encantan los desafíos, y perseveras en tus proyectos, y te mantienes firmes con tus compromisos y quieres que te toque una buena parte del pastel, debes llegar primero a la fiesta. Es decir, si quieres que te toque un trozo de carne "pulpa" y jugosa, entonces debes llegar a almorzar al medio día al restaurante. En otras palabras, si te consideras un emprendedor visionario con la experiencia y los recursos necesarios para emprender una oportunidad multinivel desde cero y hacerla crecer, entonces comenzar tu proyecto en la primera fase de fundación, sería la etapa idónea para ti... En caso contrario, piénsalo bien antes de hacerlo.

CAPÍTULO XI: MARKETING DE ATRACCIÓN, ESTRATEGIAS DEL SIGLO XXI

Desarrollo Profesional De Tú Negocio Multinivel

Lo que te voy a enseñarte a continuación va a ser la diferencia entre aprender a generar ingresos extras o no generar dinero en los próximos años, este nuevo concepto lo aplican y lo recomiendan hoy en día muchos de los networkers más reconocidos en la industria, así que toma muy en cuenta el aplicar en tu negocio multinivel los conceptos y las estrategias del **MARKETING DE ATRACCIÓN**.

En la actualidad la gente que conoce sobre estos concepto y estrategias del **MARKETING DE ATRACCIÓN** saben que el flujo de dinero llega hacia ellos; no solo porque tengan un excelente producto, desarrollen una buena oportunidad de negocio en una sólida empresa multinivel con un muy lucrativo plan de compensación hibrido y cuenten con un completo sistema educativo formación empresarial y el respaldo de un extraordinario equipo de apoyo, ya que esto es solo parte del éxito en esta industria.

La clave principal del éxito en redes de mercadeo es comprender el concepto del **MARKETING DE ATRACCIÓN** y saber que el flujo de ingresos de dinero va a llegar hacia ti, porque entiendes que nuestro negocio significa satisfacer y encontrar soluciones reales a nuestros potenciales clientes, prospectos y socios que ven en ti un **líder de influencia** con principios que pueda ayudarles a resolver un problema ya sea de *tiempo*, de *reconocimiento*, de *salud* o *financiero*.

Psicológicamente las personas buscan satisfacer dos necesidades básicas para su desarrollo integral, y cuando tú como **LÍDERES DE INFLUENCIA** aprendemos a detectar en ellos algunas de estas dos necesidades básicas y le satisfacemos con lo que ellos necesitan, verán en nosotros un líder de influencia en quien confiar y nos abrirá las puertas de su mente y corazón para recibir de nosotros lo que tenemos para ofrecerles a ellos.

Estas necesidades básicas se le conocen en la **PNL** o Programación Neurolingüística como **METAPROGRAMAS** que son poderosos **patrones de conductas** o **modelos de pensamientos** bien sean asociados o disociados que determinan cómo nos formamos nuestras **representaciones internas**, y que dirigen nuestro comportamiento. En otras palabras, en la psicología se ha demostrado que: *El ser humano está* **PROGRAMADO** *subjetivamente para* **RESPONDER** *o reaccionar* prácticamente a dos (2) estímulos o necesidades básicas posibles que son:

1º Acercarse y Afrontar optimistamente las **recompensas** que les producen **PLACER**.

2º Alejarse, Evitar o eludir las **consecuencias** que les provocan **DOLOR**.

En otras palabras, al aplicar esta definición en forma sencilla al **MARKETING DE ATRACCIÓN** y hacerlo parte de la estrategia en nuestro negocio multinivel podemos clasificar estas 2 necesidades básicas de la siguiente manera:

La **PRIMERA** es que los potenciales clientes, prospectos y socios buscan **líderes de influencia** que les ayude a solucionen sus problemas en base a **PROVEERLES PLACER**, bien sea en *tiempo libre, libertad financiera, reconocimientos* o *bienestar*.

Y la **SEGUNDA** de estas necesidades básicas es que los potenciales clientes, prospectos y socios buscan un **líder de influencia** que les ayude a buscar una solución para **ALIVIAR EL DOLOR** por el que están atravesando, bien sea por *falta de tiempo, problemas económicos, falta de reconocimiento* o por *salud*.

Al comprender este **PRINCIPIOS**, podrán ponerlo en práctica en tu negocio multinivel, y gracias a ello tendrás la oportunidad de comprender que el flujo de dinero puede comenzar a llegar hacia ti, si comienzas a solucionas los problemas de la gente. La idea aquí; no es crear necesidades nuevas en las personas, sino que como **LÍDERES DE INFLUENCIA CENTRADO EN PRINCIPIOS** canalices honestamente las necesidades que la tus clientes, prospectos y socios tienen y tú puedas ofrecerles esa solución que la gente tanto ando buscando en ti.

Profesionalmente; el aprender a encontrar esas soluciones en las personas con quien te relacionas, va a aparecer en tu vida con la práctica constante. Una vez que como **líder de influencia** sepas identificar los problemas que te gustaría resolver en tanto en tu organización, como en tus relaciones positivas con las personas con quien te relacionas a diario y pongas todo tu enfoque y tus esfuerzos en buscar respuestas a dichos problemas.

Voy a compartir contigo una serie de ejemplos para complementar la idea anterior. **AHORA PREGÚNTATE** ¿Cuándo tienes un problema de salud vas al médico cierto? ¿Y si tienes un problema con la remodelación de tu casa buscas un maestro de obra verdad? ¿Y si se te presentara algún problema legal a quien acudirías a un abogado indudablemente no es cierto? Y ¿Si tuvieras un problema de sobre peso acudirías a un nutricionista es algo lógico verdad? **AHORA TE PREGUNTO** *qué tienen en común las preguntas anteriores*. La respuesta es simple en cada una de ellas las personas con un problema específico acudió al profesional especialista en la materia para encontrar una solución.

Entonces como podrás haberte dado cuenta nosotros siempre buscamos soluciones a nuestros problemas y acudimos aquellos **profesionales capacitados** o **especialistas** que nos puedan ofrecer una mejor solución.

Lo mismo sucede en nuestra profesión como **NETWORKER PROFESIONALES, LÍDERES DE INFLUENCIA** y **EMPRESARIOS EN REDES DE MERCADEO.** Cuando un potencial clientes, prospecto o socios están pasando por una contrariedad, esperan que nosotros como LÍDERES, NETWORKER y EMPRESARIOS COMPROMETIDOS CON NUESTRO NEGOCIO le ayudemos a buscar una solución a su problema bien sea éste de *tiempo, finanzas, reconocimiento, bienestar* o *salud*.

Y esto suele ser mayormente así... O acaso tú has visto un especialista respetado o un profesional serio *(medico, ingeniero, abogado, contador, contratista, etc.)* que salga a la calle en búsqueda de la primera persona que este a su alrededor para ofrecerle sus servicios y aunque no los necesiten le obligan a consumirlos. Pues me imagino que no.

¿Y entonces porque pensamos que en la industria del **NETWORK MARKETING** y en los **NEGOCIO DE REDES DE MERCADEO MULTINIVEL** tiene que ser diferente?

Los verdaderos **EMPRENDEDORES DEL NETWORK MARKETING, La Nueva Generación de Networkers del Siglo XXI** y **LÍDERES COMPROMETIDOS** miembro de las diversas y prestigiosas empresas en **REDES DE MERCADEO MULTINIVEL.** Tampoco tienen la necesidad de perseguir a sus contactos. Ya que somos **PROFESIONALES** y **ESPECIALISTAS** en nuestra materia por la cual *estamos en la capacidad de brindar asesoramiento de alta calidad* a los potenciales clientes, prospectos o socios de nuestra organización.

La idea aquí es la de formarnos profesionalmente para llegar a SER un experto reconocido en nuestra industria y nicho de mercado que representemos. Como pasa en todas las demás profesiones tales como *(medico, ingeniero, abogado, contador, contratista, etc.).* Entonces si ellos estudian, se preparan, dedican años de formación para llegar a tener el éxito que merecen... *No es lógico que nosotros como EMPRENDEDORES DEL NETWORK MARKETING, La Nueva Generación de Networkers del Siglo XXI y LÍDERES COMPROMETIDOS hagamos lo mismo en nuestra carrera llamada REDES DE MERCADEO MULTINIVEL que es la Mega Tendencia Económica de Mayor Crecimiento, Consolidación y Expansión Mundial en esta nueva Era tan Globalizada y La Profesión mejor pagada en los últimos años.*

Y esto es el verdadero **PODER DEL MARKETING DE ATRACCIÓN EN ACCIÓN.**

Es importante destacar que en ningún tipo de **NEGOCIO MULTINIVEL** o **ESTRATEGIA DE MARKETING DE ATRACCIÓN** para **DESARROLLAR TU NEGOCIO PROFESIONALMENTE** se mantiene por medio de la suerte. Sino que es a través del esfuerzo contante, la dedicación, la determinación, el enfoque, el resultado de tomar acción y hacer que las cosas sucedan a través de la activación de la ley de la CAUSA y EFECTO, recuerdas tus acciones positivas son las que generarán las oportunidades de servir y ayudar a otros y finalmente estas acciones son las que nos abrirán las puertas al éxito. La clave está en que trabajes en armonía con tus pensamientos, sentimientos y tus acciones enfocados hacia encontrar las soluciones reales al servicio de los demás.

Toma muy en cuenta el consejo anterior, ya que los **líderes de influencia** que solucionan problemas en un mercado tan competitivo y prestan verdaderos servicios a los demás, se convierten en imanes para atraer un buen flujo de dinero, y eso es el principio que entra en juego en el **MARKETING DE ATRACCIÓN**, entre más des y ofrezcas a los demás, más oportunidades reales de servir tendrás, y a medida que más ayudes a otros a solucionar sus problemas tu **LIDERAZGO** y acciones se verá cada vez más recompensado.

El primer paso que debes dar es comenzar a trabajar contigo y en ti, la base principal de tu negocio eres tú mismo, así que trabaja primeramente con tu **SER** interior. Capacítate, adquiere conocimiento, documéntate y estudia todo lo que más puedas, en tu campo de excelencia y empieza a alimentar tu mente con pensamientos de éxito, cambia tus hábitos y enfócate en resultado final hacia dónde quieres llegar.

Y luego una vez que hayas trabajado en ti, empieza a ser más observador, comienza a buscar en tu entorno o circulo de influencia lo que la gente realmente quiere o necesita, y si como líder estás preparado física, mental y emocionalmente tú te puedes convertir en ese SER transformador, en esa persona de influencia que sirve y ayuda a los demás a desarrollar su potencial humano, te convertirás en ese proveedor de soluciones, y en esa persona que impacta en la vida de cientos y millones de gente que te agradecerá el legado que dejas a cada paso.

Realmente poco interesa a que compañía pertenezcas, ni que producto ofrezcas, o que tipo de plan de pagos tenga dicha empresa, o y si realmente el sistema educativo y el equipo son los mejores. Tu éxito en realidad va a depender de los conocimientos que tú adquieras y pongas en práctica, y que estos puedan a su vez aportar valor a otros con las herramientas y conocimientos que has aprendido. Lo verdaderamente importante es exponer y compartir tus conocimientos al servicio de otros a través de los medios masivos y como consecuencia lograr la tan anhelada libertad financiera.

CAPÍTULO XII: HACIA DÓNDE SE DIRIGE LA INDUSTRIA DEL NETWORK MARKETING MULTINIVEL

Evolución de las Empresas de Redes De Mercadeo y la Nueva Generación de Networkers del Siglo XXI.

La razón por la que decidí escribí este XII capítulo, es para brindarte los conocimientos que necesitas en tu proceso de formación y aprendizaje en este extraordinario mundo de la Industria del **MLM** *(Multi-Level-Marketing)*. La Profesión mejor pagada en los últimos años y la Mega Tendencia Económica de Mayor Crecimiento, Consolidación y Expansión Mundial en esta nueva Era tan Globalizada.

Como ya me había referido anteriormente; estamos atravesando una época de cambios generales a nivel mundial, y especialmente a nivel socioeconómico. Y a medida que el tiempo transcurre pasamos de un periodo o ERA a otra de forma rápida y acelerada trayendo consigo nuevos cambios en la economía.

En capítulos anteriores he hablado de la era del conocimiento, la era de la información, la era de la globalización, en fin, la nueva era de la tecnología, y cómo los últimos avances de la informática están trayendo consigo nuevos modelos económicos productivos, que están tomando mucho auge. Muchos nuevos modelos de negocio se están posicionando en estas últimas décadas, entre ellas las empresas de **Redes de Mercadeo**.

Por tal razón; hoy en día debemos estar actualizados, para mantenernos al ritmo vertiginoso de estas nuevas megas - tendencias económicas de negocios y prepararnos para convertirnos en verdaderos **EMPRENDEDORES DEL NETWORK MARKETING MULTINIVEL**, **La Nueva Generación de Networkers del Siglo XXI**. Estoy seguro de que tú puedes ser una de las afortunadas personas que capten la visión de esta información y entiendas la naturaleza del negocio y para donde se están proyectando las cosas dentro de la industria del **NETWORK MARKETING MULTINIVEL**.

Todo lo que necesitamos para tener éxito en la industria de redes de mercadeo multinivel en esta nueva ERA globalizada de la tecnología y la informática es lograr comprender como esta mega-tendencia junto a sus líderes y empresarios comprometidos han ido creciendo y evolucionando en los últimos años; y, sobre todo, tener una perspectiva futurista del éxito y la excelencia hacia dónde se dirige en el futuro.

Hoy por hoy; contamos con nuevas tácticas y estrategias virtuales y presenciales de marketing de atracción tanto online como offline en la creciente **Industria Del Multinivel Del Siglo XII**. Los **SISTEMAS EDUCATIVOS de**

formación empresariales de las distintas empresas del **NETWORK MARKETING** han sido progresivos. Así como también el preparado **EQUIPO DE APOYO Internacional**. Podemos apreciarlo en los sin número de entrenamientos y asesorías permanentes que se hacen tanto presenciales como en la WEB. Una de las características que está marcando tendencia en esta industria es la completa comunidad de **NETWORKERS** capacitados que en esta nueva ola de cambios que están dispuestos a brindarte todo el apoyo que necesitas para que tengas los resultados y llegues a convertirte en un verdadero profesional en la industria.

Cada uno de nosotros cuando entramos en esta industria tenemos ideales distintos, pero una vez que empezamos a adentrarnos en la visión del concepto y comprendemos la naturaleza del negocio que nos ofrecen las redes de mercadeo multinivel; comenzamos a pensar, sentir, vivir y actuar de manera diferente al resto de gente que está afuera. Y esa manera diferente de percibir el mundo es lo que empieza por diferenciarnos del montón.

Como **LÍDERES DE INFLUENCIA** cuando comenzamos a diferenciarnos del montón, y empezamos a desarrollarnos profesionalmente en esta industria; dejamos de ser seguidores como el resto de la manada para convertirnos en personas influyentes para los demás, es ahí cuando realmente comenzamos a tener los verdaderos resultados.

Esto sucede porque cuando un **LÍDER COMPROMETIDO** o **NETWORKER PROFESIONAL** captura la **visión** y comprende **la naturaleza del negocio** no existe poder alguno que le haga cambiar de opinión. Ya que sus ideales cambian, su forma de pensar vivir y actuar cambia también en armonía a su nueva creencia. Lo que les faculta seguir adelante a pesar de la adversidad, porque comprende que tienen que pagar un precio. Saben que las cosas no serán fáciles, pero tampoco imposibles. Así que se llenan de valor suficiente para tomar acción y hacer todo lo que tengan que hacer para que las cosas sucedan. En las derrotas aprenden de sus errores y en sus triunfos aprenden de sus éxitos, forjando su carácter día tras día. Y creando a su alrededor un legado que transmitir a sus futuras generaciones, porque entienden que tienen que dejar una huella y se preparan para dejar una marca en cada paso que dan en el camino rumbo a su libertad financiera.

Y este cambio de pensamiento; es una tendencia que estamos viviendo la gran mayoría, de los empresarios comprometidos con esta industria hoy en día. Y yo mismo he pasado por esos cambios y aun hoy al momento de escribir este capítulo estoy en ese proceso de transformación permanente de superación y excelencia en mi vida, con la firme creencia, certeza y convicción que esta industria es uno de los vehículos o medios para consolidar más allá que la libertad financiera nuestro verdadero y máximo potencial humano en todos los aspectos más importantes de nuestra vida.

A manera de conclusión podemos reafirmar entonces que hoy en día, especialmente en los países de Latinoamérica; por los acelerados cambios económicos que estamos viviendo, muchas personas estamos optando por desarrollar profesionalmente negocios de en network marketing multinivel; ya que comprendemos las múltiples ventajas que nos ofrecen el mercadeo en red como una de las opciones más rentable para lograr nuestros sueños, metas y objetivos, con un propósito claro y bien definido centrado en principios.

Los expertos han reafirmado una y otra vez que: *Las redes de mercadeo se están posicionando para ser la próxima gran economía mundial.* Y que a través de este concepto de negocio *Usted puede obtener un flujo constante de ingresos inmediatos y un importante flujo de ingresos por concepto de regalías residuales a largo plazo. Por tal razón lo consideran el modelo de empresa más poderoso y atractivo en la nueva economía mundial.*

Y lo más importante de este tipo de negocio; que confirman los expertos, es que gracias a Los **SISTEMAS EDUCATIVOS de formación empresariales** de las distintas empresas del **NETWORK MARKETING** y el capacitado **EQUIPO DE APOYO Internacional** con que se apalancan estamos mejor preparados hoy día, para programar y condicionar nuestra estructura mental y psicológica para convertirnos en verdaderos **NETWORKERS PROFESIONAL** y **EMPRENDEDOR MULTINIVEL**, que son **La Nueva Generación de Empresarios del Siglo XXI** con una **MENTALIDAD EMPRESARIAL** y una **ACTITUD DE LIDERAZGO** e influencia personal centrada en principios en las bases de la consolidación de las relaciones, la edificación, el trabajo en equipo, el compañerismo, el apalancamiento y vivir los valores esenciales para promover la **DUPLICACIÓN** y la **MULTIPLICACIÓN** en esta industria, ya que son los fundamentos; que nos permitirán generar regalías, por concepto de ganancias residuales de forma permanente y continua.

Si ya tenemos las estadísticas y las opiniones de los expertos, que ratifican este tipo de proyecto financiero es una de las mejores opciones de negocio. Entonces tomemos la decisión de emprender nuestro camino rumbo a la LIBERTAD FINANCIERA, utilizando como vehículo las múltiples opciones que nos brinda la Industria del **Network Marketing** a través de las **Redes de Mercadeo Multinivel,** y esta es mi humilde invitación para ti.

CAPÍTULO XIII: NETWORK MARKETING MULTINIVEL UN PROYECTO FINANCIERO REAL

Redes de Mercadeo la Profesión de La Nueva Generación de Networkers del Siglo XXI

Para continuar con la idea anterior, en este capítulo voy a reafirmar la importancia, la transparencia y la gran oportunidad que nos brinda el **MLM** *(Multi Level Marketing)*

De seguro en muchas ocasiones has oído hablar de que este modelo productivo es el **negocio perfecto** en esta era de la globalización, la información y la tecnología tanto digital como virtual. Y que el **NETWORK MARKETING** o **Redes De Mercadeo Multinivel** es la tendencia a la que se dirigen los negocios en las próximas décadas.

El tener este conocimiento y la información real de lo que pasa a nivel mundial con la creciente evolución de esta industria; es el **PRIMER PASO** que fortalecerá nuestra creencia y nos dará mayor certeza y convicción para mantenernos firme en este proyecto financiero de negocio del Siglo XXI. El **SEGUNDO PASO** que debemos dar; es eliminar completamente todas las creencias limitantes auto saboteadoras y pensamientos autodestructivos que nos puedan hacer pensar que este tipo de modelo productivo no funcionara. Ya que se ha comprobado a lo largo de los años; una y otra vez, que los **EMPRENDEDORES DEL NETWORK MARKETING** que se dedican de forma profesional a esta industria han tenido y seguirán teniendo grandes éxitos en todos los aspectos importantes de sus vidas. Tanto en lo personales, espirituales, emocional, familiares, de bienestar, salud y financieros.

Si estás en esta industria y eres parte de **La Nueva Generación de Networkers del Siglo XXI**. Lo más seguro es porque te paso lo mismo que a muchos de nosotros, fuiste invitado a una reunión de negocio, donde te presentaron la oportunidad financiera y te hablaron de este modelo productivo llamado network marketing o redes de mercado multinivel. *Y al principio, aunque te parecía demasiado idealista o bueno para ser verdad; te diste la oportunidad de creer y comenzar a desarrollar el negocio y prepararte.* **Y gracia a tus esfuerzos y contante dedicación capturaste la VISIÓN y comprendiste la NATURALEZA DEL NEGOCIO que te permitió ver este tipo de concepto del marketing multinivel en toda su magnitud.**

El **MLM** *(Multi Level Marketing)*, es el canal de distribución y red de comercialización más inteligente que sido creado en la historia hasta ahora, donde una persona puede beneficiarse de los productos, bienes o servicios que la empresa ofrece y compartiendo ese concepto, puede afiliar a otras personas interesadas en compartir este mismo modelo productivo llamado network marketing o redes de mercado multinivel, a otros conocidos, expandiendo el proyecto financiero a muchos hogares y familias, teniendo la oportunidad de llegar a ser dueños de su propios negocios de manera local al principio, y luego con el pasar del tiempo desarrollar un alcance nacional y con la debida preparación, formación, y perseverancia lograr una expansión global a nivel internacional.

Lo importante de esta creciente industria del marketing multinivel, es que está posicionada en las diferentes megas tendencias más rentables del mundo. Teniendo un gran alcance en las tendencias de mayor crecimiento en la historia en las últimas décadas. Entre las de mayor alcance encontramos las del bienestar y la salud, las de belleza y el cuidado personal, las de productos ecológicos para el hogar, las de tecnología e informática, las de bienes y servicios, entre muchas otras. En otras palabras, existe una gran infinidad de empresas en la industria del **MLM *(Multi Level Marketing)***, con canales de distribución y redes de comercialización prácticamente con distintos servicios, bienes y productos, diferentes equipos de trabajos y sistemas educativos de formación empresarial, diversos planes de pagos y variados planes de compensación, y en general una gran variedad de oportunidades de negocio diseñadas para cada persona.

Tomando esta idea en cuenta; podríamos decir entonces que existen muchas excelentes compañías, con maravillosos productos y variados servicios, con interesantes planes de pagos, y los más modernos y evolucionados sistemas educativos de formación empresarial junto con sus equipos de apoyo. Cada una de ellas diseñadas para la gran diversidad de personas que existen en todo el mundo. Para que sea usted y solo usted el que decida cuál es la mejor, y elija la compañía más idónea a la cual unirse.

En resumen; el **NETWORK MARKETING** o **REDES DE MERCADEO MULTINIVEL**, es hoy en día, una mega-tendencia real en pleno crecimiento, expansión y consolidación global. Es una industria rentable y muy lucrativa que mueve cientos y miles de trillones de dólares cada año y es la profesión mejor pagada en las últimas décadas alrededor del mundo entero. Y sobre todo el **MLM *(Multi Level Marketing)***, es el canal de distribución y red de comercialización más inteligente que sido creado en la historia hasta ahora; y tú puedes ser parte de este gran movimiento internacional y convertirte en un **EMPRENDEDOR DEL NETWORK MARKETING MULTINIVEL, La Nueva Generación de Networkers del Siglo XXI**.

PALABRAS FINALES

Bueno campeones y campeonas "{(**FELICIDADES**)}", ya hemos llegado al *FINAL* de éste *maravilloso libro* que con tanta dedicación escribí para ti. Fue un largo *proceso de formación* y *aprendizaje* que juntos **TÚ** y **YO** recorrimos en esta jornada **HACIA TÚ ÉXITO y AUTO-REALIZACIÓN PERSONAL**.

Este libro lo cree y diseñé pensando en **TI**, de manera **SISTEMÁTICA** como un **MANUAL PRÁCTICO DE INSTRUCCIONES** paso a paso; con el objetivo de ir pasándote por un *proceso mental de formación continuo de aprendizaje*, a través de un "{(**PATRÓN DE ACCIÓN**)}" bien preparado y simplificado para brindarte resultados óptimos, efectivos y permanentes mediante las herramientas y metodologías más avanzadas de la **PNL** o **Programación Neurolingüística**.

La *REINGENIERÍA CEREBRAL* y la *PROGRAMACIÓN MENTAL* como la he venido aplicando para efectos de este libro; podemos concluir, que es una: metodología basada en la creencia de que toda experiencia subjetiva interna tiene bases en una estructura psicológica programada en nuestra mente. *Y que, por tal razón, esos PROCESOS o procedimientos pueden modelarse, codificarse, aprenderse, transferirse, modificarse o reprogramarse cuando la ocasión así lo requiera.*

Según esta **presuposición** adaptada de la **PNL** o **PROGRAMACIÓN NEUROLINGÜÍSTICA** conseguimos reafirmar que, nuestros programas mentales limitantes *"pueden ser NEURO-DESCODIFICADOS, reprogramados o modificados en cualquier momento que sea necesario a través de la REINGENIERÍA CEREBRAL".*

Por tal razón; mis amigos y amigas, fui guiándoles paso a paso de manera subjetiva a través de los diferentes *Ejemplos y Ejercicios* junto a todas las demás herramientas y metodologías utilizadas en el transcurso del libro en conjunto con el **PATRÓN DE ACCIÓN** a fin de *enseñarles la manera correcta de acceder* por medio de la "{(**REINGENIERÍA CEREBRAL**)}" a esas informaciones registradas y guardadas en el subconsciente y *descodificar los patrones de conductas limitantes de tu estructura mental y psicológica* creando una nueva realidad a través de una adecuada "{(**PROGRAMACIÓN MENTAL**)}" para el éxito.

Recuerden lo que han aprendido. *Que cualquier información o desequilibrios estructurales que hayan sido moldeadas o reprogramadas lingüísticamente en su subconsciente; de la misma forma, pueden ser descodificadas por medio de la* "**REINGENIERÍA CEREBRAL**" y la "**PROGRAMACIÓN MENTAL**" para el éxito que aprendieron en el transcurso de la lectura de todo este libro. *Tengan presente que: el poder YA está dentro de ustedes; solo tienes que* **CREERLO, TOMAR ACCIÓN** y comenzar a *HACER QUE LAS COSAS SUCEDAN.*

Bueno campeones y campeonas; para finalizar voy a hacerlo compartiendo con ustedes esta linda e inspiradora **historia** para despedirme por ahora compartiendo esta poderosa enseñanza.

LA HISTORIA DEL HOMBRE SABIO

Muchos años atrás; cuenta una antigua leyenda, que en la capital de Grecia, vivía un viejo filósofo. Un hombre sabio, famoso y muy conocido por sus prudentes respuestas a todas las preguntas que solían hacerle. Relatan los que le conocieron, que jamás fallaba y que siempre acertaba en todas y cada una de las declaraciones y contestaciones que hacía.

Un día cuenta la historia, que un astuto joven de aquella ciudad se atrevió retar al gran sabio y pensó:
– Creo que sé cómo engañar al hombre sabio –.
Voy a **llevar un pequeño pajarito entre mis manos**; y voy a ponerlas detrás de mi espalda. Y le preguntaré al sabio ¿Si está vivo o muerto el pajarito que tengo **entre mis dos manos**?...
. - Si responde que el ave está viva, **apretaré mis manos** con todas mis fuerzas. Lo aplastaré y una vez inerte el pajarito lo dejare caer muerto al suelo...
. - Y si manifiesta que el ave está muerta, **abriré mis manos** y lo dejare libre volar en cielo...
El joven en sus pensamientos conspiraba, supuestamente en la manera de cómo haría confundirse al sabio... Y así hablaba consigo mismo.
¿Me gustaría ver cómo este hombre se las arregla para salir de esta trampa? De esta manera el astuto y confiado joven ya resuelto; decidió llegar al lugar, para reunirse y verse con el hombre sabio.
Y una vez; frente a él, le hizo la quisquillosa pregunta...

Gran maestro y hombre sabio ¿**El pájaro que tengo entre mis manos**? ¿Está vivo o está muerto?
El sabio después de meditarlo unos segundos; miro al joven directamente a los ojos, y con firmeza le respondió...

"Muchacho" **La respuesta está en TI; la respuesta a la pregunta está en la decisión que TÚ tomes, es decir la RESPUESTA ESTÁ EN TUS MANOS...**

La decisión de **cambiar** y **transformar** tú vida **ESTÁ EN TUS MANOS. Haciendo un cambio positivo de conciencia en la estructura mental de tus pensamientos**; en la forma de **pensar, sentir** y **actuar**. Producirán la **REINGENIERÍA** y la **REINVENCIÓN PERSONAL** que necesitan para comenzar a **CREAR UNA NUEVA Y MEJOR VERSIÓN DE USTEDES MISMOS**. "Pero finalmente CAMPEONES y CAMPEONAS" como en la historia que acabas de aprender **La Solución Ésta En Ti; La Elección que Tomes Dependerá 100% de Tus Acciones, LA RESPUESTA ESTÁ y SIEMPRE HA ESTADO EN TUS MANOS**...

EL PODER DE TOMAR ACCIÓN ESTÁ EN TUS MANOS "Para que surja lo posible es preciso intentar una y otra vez lo imposible". *-HERMANN HESSE. –*

NETWORK MARKETING o REDES DE MERCADEO
La Gran Oportunidad de Negocio del Siglo XXI

<u>FELICITACIONES HEMOS TERMINADO DEL CUARTO LIBRO DE LA SERIE...
NOS VEMOS EN LOS SIGUIENTES LIBROS DE LA SERIE...</u>

"Network Marketing Multinivel en Acción"

Si te ha gustado este libro de **NETWORK MARKETING**, y deseas *"contribuir"* con tu **aporte**, para **apoyarme** a seguir realizando este maravilloso trabajo, que, con todo el cariño, preparado para ustedes. Puedes hacerlo a través del siguiente **Enlace**

http://PaypalDonación
Gracias por tu Contribución

Es Hora de Comenzar a Vivir
UNA VIDA MARAVILLOSA
Centrada en Principios

Recuerda: TOMAR ACCIÓN y
HACER QUE LAS COSAS SUCEDAN

Y pronto Tú y Yo nos veremos en la CÚSPIDE DE LA EXCELENCIA

Tu Gran Amigo **Ylich Tarazona**

SOBRE EL AUTOR

BACKGROUND PROFESIONAL:

Máster Coach **YLICH TARAZONA**: Reconocido **Escritor, Autor Best-Seller, Speaker Internacional** y **Conferencista Transformacional** de **Alto Nivel**. Avalado por **CEDHI** – *Sistema Internacional de Impulso y Promoción al Conferencista y Consultor (SIIP)*

Psicólogo e **Hipnoterapeuta** experto en **PNL** o **PROGRAMACIÓN NEUROLINGÜÍSTICA, Reingeniería Cerebral** y **BioProgramación Mental, Neuro Coaching, Hipnoterapia Gestalt, Hipnosis Ericksoniana, Hipnosis Conversacional** y **Persuasión Comunicativa**.

Considerado en los distintos medios de comunicación como uno de los **Especialistas más Destacado** e **Influyente** dentro del campo de la **NEUROCIENCIA TRANSFORMACIONAL y LA EXCELENCIA PERSONAL**; *destinado a ejercer un LEGADO en la vida de miles de personas, a través de su PASIÓN, ENTUSIASMO, DINAMISMO y LIDERAZGO CENTRADO EN PRINCIPIOS*.

Hombre de **FE** *y* **Convicciones CRISTIANAS***; centrado en* **Principios** *y* **Valores***.*

Fundador de portal **HIPNO-REINGENIERÍA MENTAL CON PNL ®- Un Salto Cuántica para la Evolución del SER**. Uno de los **Website de Internet** dedicado a brindar **COACHING** en la **CONSOLIDACIÓN** de **Competencias** y el **Desarrollo del Máximo Potencial Humano**. *Especialistas* en el *Entrenamiento, Formación y Adiestramiento* de *alto nivel* a través de la *Programación Neurolingüística*.

Creador de un **SISTEMA DE COACHING PERSONAL**. Una metodología diseñada para potenciar nuestras competencias, permitiéndonos *Alcanzar Metas, Concretar Objetivos* y *Consolidar Resultados Eficaces de Óptimo Desempeño*; a través de una serie de **Audio- Podcasts, Video - Webinar's** y **Conferencias Magistrales de Carácter Presencial**.

Creador del **Sistema Educativo de Formación Empresarial** "WINNER NETWORKERS TEAM" una metodología diseñada para desarrollar las habilidades de liderazgo organizacional en la industria del **Network Marketing Multinivel**. permitiéndonos *Alcanzar Metas*, *Concretar Objetivos* y *Consolidar Resultados Eficaces de Óptimo Desempeño*; a través de una serie de **Audios, Podcasters, Tele-Seminarios Online, Talleres Audiovisuales, Webminars** y **Conferencias Magistrales de Carácter Presencial**

Creador del **SISTEMA INTEGRAL DE COACHING TRANSFORMACIONAL** a través de la **PNL** o **PROGRAMACIÓN NEUROLINGÜÍSTICA**, la **REINGENIERÍA CEREBRAL**, la **BIOPROGRAMACIÓN MENTAL** e **HIPNOSIS**, técnicas y metodologías avanzadas para producir cambios positivos en los patrones del pensamiento, y generar resultados eficaces de alto rendimiento y óptimo desempeño, tanto nivel individual como organizacional.

Dicho **SISTEMA DE ENTRENAMIENTO** *Offline y Online* han marcado las vidas de cientos de emprendedores de forma presencial y ha cambiado los paradigmas mentales de miles de personas a nivel mundial vía virtual. Inspirando a quienes participan, escuchan, ven o leen sus enseñanzas a vivir de forma extraordinaria centrada en principios.

Reconocido "**Autor** de la **Serie de LIBROS, Secuencias de EBOOK'S** y **CONFERENCIAS MAGISTRALES**" de [**REINGENIERÍA CEREBRAL** y **BIOPROGRAMACIÓN MENTAL ©-®**]. Entre los más destacados tenemos "*Como Mejora Tu Autoestima*", "*Libérate del Autosabotaje Interno*", "*Rediséñate y Reinventa tu Vida, Posiciona tu Marca personal* o *Personal Branding, Reingeniería de los Procesos del Pensamiento* entre otros.

Creador del **CURSO DE HIPNOSIS PRÁCTICA**. *Extraordinario* **CURSO PRÁCTICO** sobre **HIPNOSIS MODERNA,** *Trance* y *Fenómenos Hipnóticos,* **Sugestiones** e **Inducciones de Alto Nivel,** *Pruebas de Sugestionabilidad, Pruebas Encubiertas, Convencedores y Profundizadores de Estados Hipnóticos* que permite al participante aprender "**Cómo HIPNOTIZAR, a Cualquier Persona, en Cualquier Momento y en Cualquier Lugar**".

Cocreador y Re-Diseñador del "**MODELO de la PNL**" y la formula efectiva "{(E - S.M.A.R.T - E.R)}" *[Para el* **Establecimiento** *y* **Fijación** *de* **METAS, plan de acción** *y principios de* **planificación estratégicas** *para* **alcanzar** *y* **consolidar objetivos**].

Creador del **WEBMINARS Audio Visual, TELE-SEMINARIO Online** y **CONFERENCIA** Magistral *[Redescubriendo Tu Propósito y Misión de Vida]*.

Autor **Best-Seller** de la serie *[LOS CICLOS MAESTROS DE LA DUPLICACIÓN Y LA MULTIPLICACIÓN en el NETWORKS MARKETING, Leyes y Principios Universales Para Desarrollar Tu Negocio Multinivel de Forma Profesional] Vol.* **1, 2 y 3**.

PROPÓSITO, MISIÓN Y VISIÓN PERSONAL:

MI PROPÓSITO: Transmitir a todos mis lectores la fortaleza y los recursos necesarios que les permitan seguir adelante, siempre con confianza y optimismo pese a las adversidades. **GUIÁNDOLOS COMO SU MENTOR** y **COACH PERSONAL** a encontrar su misión de vida a través de una oportunidad real de crecimiento personal, que les ayude a aclarar sus ideas, establecer sus metas, y elaborar un plan de acción bien definido paso a paso, que les permita conquistar con éxito sus más anhelados sueños. *Permitiéndoles crear su propio futuro, escribiendo la historia de* su propia vida y forjando su propio destino a través un ciclo continuo de tácticas y estrategias creadas para tal fin.

De igual manera, deseo ayudar a mis lectores, aprendices, participantes y seguidores a cambiar los patrones negativos de pensamientos y las estructuras mentales limitadoras, enseñándoles a consolidar sus competencias y desarrollar el máximo de su potencial humano.

MI MISIÓN: *Llegar a ser un instrumento en las manos de* **DIOS**, que me permita impactar en las vidas de cientos, miles y millones de personas alrededor del mundo.

Dejar una huella que marque la diferencia en las vidas de las personas a quienes enseño y llevo mi mensaje. Así como también, dejarles un legado, que transcienda en el tiempo. Y les permita evolucionar en todos los aspectos transcendentales e importantes de sus vidas, tanto en lo personal, espiritual, emocional, así como también profesional, académica y financieramente.

MI VISIÓN: *Llevar a las personas esperanza y una opción que les permita transformar sus vidas para mejor, poder ayudarles a desarrollar esa semilla de grandeza que todos llevan dentro de su interior, y motivarlos a consolidar, posicionar y expandir el máximo de su potencial humano, al siguiente nivel de éxito.*

Y finalmente poder establecer una conexión y empatía con todos mis lectores, participantes y seguidores, que me permita ir escalando en la relación con cada uno de ellos, en la medida que sea posible. Al mismo tiempo, que les enseño a posicionarse y consolidarse en todos los aspectos de su vida de manera equilibrada...

Ayudándoles a **interiorizar los principios correctos** que les permitan **REINVENTARSE, creando una nueva y mejorada versión de sí mismos**. Abriéndoles nuevos caminos, aperturandoles nuevas oportunidades de éxito, que les permita conducir su vida, a reencontrarse a sí mismo, en el camino a la transformación, y la excelencia personal. Y finalmente; retomar con mayor fuerza, su camino hacia su éxito y excelencia personal...

OTRAS PUBLICACIONES, EDICIONES ESPECIALES, MINI CURSOS, EBOOK´S Y LIBROS CREADOS POR EL AUTOR

Hola que tal, mi gran amigo y amiga **LECTOR**, fue un placer haber compartido contigo este tiempo de lectura, espero hayas disfrutado al máximo de la información contenida en este libro que con tanto cariño prepare para ustedes.

Si deseas conocer algunas otras de mis obras te invito a visitar los siguientes enlaces. Se despide tu gran amigo el Máster Coach **YLICH TARAZONA**

1.- "PROGRAMA TU MENTE Y DETERMINA TU FUTURO - Mejorar Tu Autoestima, Enfoca tus Pensamientos y Conquista todo lo que te Propongas en la Vida © ®".
Link del Producto: https://bit.ly/30k5njR

2.- "SANATE A TI MISMO Y LIBÉRATE DEL AUTOSABOTAJE, Aprende a Fortalecer Tu Guerrero Interior, Equilibrar tus Canales Energéticos, Controlar tus Emociones y Dirigir tus Pensamientos © ®".
Link del Producto: https://bit.ly/30mbBju

3.- "EL PODER DEL CAMBIO Y LA REINVENCIÓN PERSONAL - El Arte de REDISEÑAR tu Vida, REINVENTARTE, EMPRENDER, INNOVAR y Crear una Nueva y Mejorada Versión de ti Mismo © ®".
Link del Producto: https://bit.ly/3go1JLF

4.- REDESCUBRIENDO TU PROPÓSITO DE VIDA. Fundamentos para Vivir una Vida Plena, Centrada en Principios y Conectada con Nuestra Visión y Misión.
Link del Producto: https://bit.ly/314udDu

5.- POSICIONANDO TU MARCA PERSONA. Como CONSOLIDAR y POSICIONAR Tu PERSONAL BRANDING en un Mercado Competitivo a través del "Love Brand".
Link del Producto: https://bit.ly/39MvVh0

6.- EL PODER DEL DE METAS. Principios de Planificación Estratégica para Alcanzar y Consolidar tus Sueños y Objetivos paso a paso.
Link del Producto: https://bit.ly/2PhQI2r

7.- REINGENIERÍA CEREBRAL Y REDISEÑO DEL PENSAMIENTO. Aprende a Reprogramar Tus Procesos Mentales y Generar una Reinvención Personal.
Link del Producto: https://bit.ly/3fkuozW

8. PALABRAS INSPIRADORAS Y FRASES CÉLEBRES. Colección con más de 800 Pensamientos y Citas Motivadoras de los Líderes Más Grandes de la Historia.
Link del Producto: https://bit.ly/30jGzJ0

9.- *PROGRAMACIÓN NEUROLINGÜÍSTICA. Guía Práctica de PNL APLICADA - Metodologías Modernas y Técnicas Efectivas para Cambiar tu Vida.*
Link del Producto: https://bit.ly/33jLmfq

10.- *EL PODER DE LAS METÁFORAS Y EL LENGUAJE FIGURADO. Historias, Parábolas, Metáforas y Alegorías, Poderosas Herramientas Persuasivas en la Comunicación.*
Link del Producto: https://bit.ly/2XBP4gT

11-. *EL PODER DE LA HIPNOSIS. Manual Teórico-Práctico de Formación en HIPNOSIS, y el Desarrollo de Habilidades Hipnóticas Persuasivas.*
Link del Producto: https://bit.ly/3k66Rq0

12-. *CURSO DE HIPNOSIS PRÁCTICA. Como HIPNOTIZAR, a Cualquier Persona, en Cualquier Momento y en Cualquier Lugar.*
Link del Producto: https://bit.ly/39NMCsi

13.- *NETWORK MARKETING MULTINIVEL. Redes de Mercadeo, La Gran Oportunidad de Negocio del Siglo XXI, Rumbo a tu Libertad Financiera.*
Link del Producto: https://bit.ly/31baFgX

14.- *CUADERNO DE PLANIFICACIÓN EMPRESARIAL. Plan de Acción Mensual Para Desarrollar Exitosamente Tu Negocio Multinivel de Forma Profesional.*
Link del Producto: https://bit.ly/2XlluMu

15.- *HIPNO-REINGENIERÍA CEREBRAL y BIO-PROGRAMACIÓN MENTAL. Un Salto Cuántico para la Evolución del SER - La Nueva Era del Pensamiento y El Despertar de la Consciencia.*
Próximamente...

Para adquirir otras **OPCIONES DE PRESENTACIÓN** y adquirí los **LIBROS** en versiones **TAPA BLANDA ESTÁNDAR** o **PREMIUM, TAPA DURA PROFESIONAL CON** o **SIN SOLAPA, CON** o **SIN CONTRAPORTADA**, *en diferentes calidades de impresiones (Blanco y Negro, Full Color, Hoja Ahuesada Premium)* en **Tamaño Bolsillo, Impresión Americana** o **Espiral**...

Puedes hacerlo a través mis otros **Portales OFICIALES**.

https://www.amazon.com/Ylich-Eduard-Tarazona-Gil/e/B01INP4SU6

https://www.smashwords.com/profile/view/MasterCoachYlichTarazona

https://www.autoreseditores.com/mastercoachylichtarazona

El aprendizaje constante, la formación continua y el estudio permanente son las claves entre los que logramos el éxito, de aquellos que no lo logran. **- Ylich Tarazona.** -

Principios Universales Para Desarrollar Exitosamente
TÚ PROYECTO MULTINIVEL DE FORMA PROFESIONAL

PUBLICACIONES, LIBROS, EBOOK´S Y REPORTES ESPECIALES CREADOS POR EL AUTOR

NETWORK MARKETING o REDES DE MERCADEO
La Gran Oportunidad de Negocio del Siglo XXI

OTRAS PUBLICACIONES, LIBROS, EBOOK´S Y REPORTES ESPECIALES CREADOS POR EL AUTOR / **CONTINUACIÓN DE LA SERIE**

Principios Universales Para Desarrollar Exitosamente
TÚ PROYECTO MULTINIVEL DE FORMA PROFESIONAL

EBOOK´S Y LIBROS DE TEMAS ESPECIALIZADOS CREADOS POR EL AUTOR

NETWORK MARKETING o REDES DE MERCADEO
La Gran Oportunidad de Negocio del Siglo XXI

AUDIOLIBROS, PODCAST, WEBINAR Y VIDEO CURSOS CREADOS POR EL AUTOR

Principios Universales Para Desarrollar Exitosamente
TÚ PROYECTO MULTINIVEL DE FORMA PROFESIONAL

SÍGUENOS A TRAVÉS DE TODAS NUESTRAS REDES SOCIALES (SOCIAL MEDIA Y WEBSITE OFICIAL)

Facebook, Twitter, YouTube, Instagram, Pinterest, SlideShare, Speaker, LinkedIn, Skype y Gmail

https://www.facebook.com/MasterCoach.YlichTarazona/

https://www.youtube.com/user/coachylichtarazona

https://twitter.com/YLICHTARAZONA

https://es.slideshare.net/YlichTarazona

https://www.instagram.com/master_coach_ylich_tarazona/

https://www.pinterest.com/master_coach_ylich_tarazona/

https://www.linkedin.com/in/mastercoachylichtarazona/

https://www.spreaker.com/user/mastercoachylichtarazona

También puede contactarse directamente con el **AUTOR** vía e-mail por:

https://www.mastercoachylichtarazona.com/

contacto@mastercoachylichtarazona.com

Skype: Coaching_Empresarial

Principios Universales Para Desarrollar Exitosamente
TÚ PROYECTO MULTINIVEL DE FORMA PROFESIONAL

3ª Edición Especial Revisada y Actualizada por: *Ylich Tarazona* diciembre 2017.
Diseño y Elaboración de Portada por: *Ylich Tarazona*

ISBN-13: 978-1983468766 *(CreateSpace-Assigned)*
ISBN-10: 1983468762 *(CreateSpace-Assigned)*
SELLO: Independently Published ©

BISAC: *MLM / Multi-Level-Marketing / Redes de Mercadeo / Network Marketing*
El derecho de **YLICH TARAZONA** a ser identificado como el
AUTOR de este trabajo ha sido afirmado por *SafeCreative.org,*
Código de Registro: **1712315229425**, de conformidad con los
Derechos De Autor En Todo El Mundo. *Fecha: 31 de diciembre de 2017.*

www.ingramcontent.com/pod-product-compliance
Lightning Source LLC
Chambersburg PA
CBHW070245230526
45470CB00002B/483